石榴花开照眼明

——跨区域多校联动教研成果汇编

主　编:曲兆军
副主编:梁晓华　欧庆胜　柳成龙　梁　新
编　委:宋东明　李殿林　张继龙　黄　欣
　　　　李　强　叶　欣　王文建　陈海印

中国言实出版社

图书在版编目（CIP）数据

石榴花开照眼明：跨区域多校联动教研成果汇编／
曲兆军主编. -- 北京：中国言实出版社，2024.10.
ISBN 978-7-5171-4971-2

Ⅰ．G632.0

中国国家版本馆 CIP 数据核字第 2024T63H91 号

石榴花开照眼明——跨区域多校联动教研成果汇编

责任编辑：李　岩

责任校对：王建玲

出版发行：中国言实出版社
　　　地　　址：北京市朝阳区北苑路 180 号加利大厦 5 号楼 105 室
　　　邮　　编：100101
　　　编辑部：北京市海淀区花园北路 35 号院 9 号楼 302 室
　　　邮　　编：100083
　　　电　　话：010-64924853（总编室）　　010-64924716（发行部）
　　　网　　址：www.zgyscbs.cn　　电子邮箱：zgyscbs@263.net

经　　销：新华书店
印　　刷：河北赛文印刷有限公司
版　　次：2024 年 11 月第 1 版　　2024 年 11 月第 1 次印刷
规　　格：710 毫米×1000 毫米　　1/16　　11.5 印张
字　　数：235 千字

定　　价：79.00 元
书　　号：ISBN 978-7-5171-4971-2

序 言

　　民族团结进步教育是新时代培养青少年一代的一项重要课题。本书旨在展现新时代背景下，北京市第十中学、西藏自治区拉萨北京实验中学、内蒙古兴安盟扎赉特旗音德尔第一中学、内蒙古兴安盟扎赉特旗教育事业发展中心等跨区域联合教研成果，展现各地老师们是如何将民族团结进步教育融入校园文化建设与课堂教学之中的。本书汇集了老师们在民族团结进步教育实践中的宝贵经验与深刻见解，在课堂教学中融入民族团结教育的创新教学设计，以及从文本特点角度发掘教学价值创新教学设计。

　　毋庸置疑，民族团结进步教育不仅仅是知识的传授，更是一种情感的培养和价值观的塑造。本书通过丰富的案例分析和教学实践，展现了各地教育工作者在民族团结进步教育方面的积极探索和不懈努力。希望通过这本书，能够激发更多教育工作者和学生对民族团结进步教育的思考与实践，共同为构建和谐校园、促进民族团结贡献力量。

　　愿本书成为新时代民族团结进步教育的有益参考，为推动民族团结进步事业发挥积极作用。

曲兆军

2024 年 5 月 10 日

目　录

第一部分

石榴花开照眼明　民族团结一家亲

北京市第十中学 1949 年建校,1978 年被评为丰台区重点中学,2004 年被评为北京市示范性普通高中,2011 年开始承办内地新疆高中班,2016 年被评为北京市民族团结教育示范校,被北京市总工会评选为市级职工创新工作室。我校以"办适合每个孩子未来发展的教育"为办学理念,秉持"胸怀家国、兼善天下"的校训,努力实现"优质、示范、超越"的办学目标和"身心健康 信念坚定 全面发展 突出特长"的育人目标。学校积极创建培育"红石榴"党建品牌,且获评教育系统首批品牌项目。多年来,在丰台区委、区政府和教工委、教委的坚强领导下,我校注重推进民族团结进步教育工作,引领全体师生铸牢中华民族共同体意识,始终把办好民族团结进步教育作为推进学校高质量发展的一项重要举措,坚定不移地贯彻落实国家的民族政策,加强民族团结宣传教育工作,不断地探索和创新民族团结进步教育的途径和方式,育人成果丰硕。

一、加强政治领导,坚持正确的办学方向

在学校党委的全面领导下,我校把爱党爱国、维护民族团结作为立德树人政治使命的首要目标,以铸牢中华民族共同体意识为主线,不断完善学校民族团结进步教育长效机制。

1. 强化思想政治工作在民族团结进步教育工作中的引领作用

开展多种形式的政治理论学习,以习近平新时代中国特色社会主义思想武装头脑,贯彻落实党的二十大和二十届二中、三中全会精神,组织党员及全体教职工通过网络学习、定期培训等途径,学习党和国家的各项教育方针和政策。学校依据区级党建课题《学校党组织利用微党课加强党员队伍思想政治建设实践研究》,引领学习走深走实,思想铸魂,发挥党员先锋模范作用,不断提升广大教师对民族团结进步教育的认识,铸牢意识形态安全防线。

2. 充分发挥制度建设在民族团结进步教育工作中的作用

学校一直坚持把民族团结进步教育的内容融入学校的制度体系、课程体系和各项活动中,让全校各民族师生在日常工作与学习生活中,广泛而又深入地交往交流交融。

根据学校实际,多维度地落实好混班教学,周一到周五内高班[①]学生在高中部学习、住宿,共同参与丰富的社会实践活动,周末回到东校区。来自新疆的各民族

---

① 内高班指内地新疆高中班。

学生和北京本地学生混合住宿、共同就餐，在日常的交流中相互了解不同民族的风俗习惯、优秀文化，中华民族共同体意识的种子悄然在同学们的心中生根发芽。每逢节假日老师们都会邀请新疆班的孩子们"回家过个节"，为孩子们的衣、食、住、行、学、社会实践各方面提供了完善的保障，在师生经常性的交流中，对学生体贴入微的关爱中，准确把握他们的思想动态，有针对性地提供学习指导。

3. 发挥共青团少先队组织在民族团结进步教育中的重要作用

校团委充分发挥共青团组织桥梁纽带作用，将民族团结思想内容融进"三会两制一课"、"开学第一课"、主题团日、主题队课（会）等团队活动中，大力开展"同读一本书 共筑中国梦"向新疆爱心献书、京疆两地青少年书信交流等系列活动。"红石榴"报社，是由学生会自发成立的学生社团，每月一期，社员们通过"红石榴"期刊将这一月发生的国内外时事、国家对少数民族的最新政策以及校园新闻等，向学生进行宣传和解读，经过多年的努力现已成为引领我校学生思想进步的重要宣传阵地。学生在团组织带领下成长进步，近五年有 36 名来自新疆的学子光荣地加入了团组织。学生会还通过班会、广播、橱窗等多种渠道开展民族团结宣传工作，耳濡目染，提高认识。在教学楼楼道、食堂、宿舍等，通过对红石榴党建品牌的介绍，进行铸牢中华民族共同体意识的宣传，在教室、走廊张贴班级公约、励志格言、学生作品等，给学生以家人般的温暖。

二、加强课程建设，扎实推进民族团结进步教育

课程建设是学校生命力的核心，民族团结进步教育已融入学校生命教育课程体系各板块。课堂教学中，深入挖掘各学科教材中的民族团结进步教育素材，采取学科知识渗透民族团结进步教育内容的方法实施教育教学。多年积累成果丰硕，如市级骨干教师构建的中国优秀传统节日文化校本课程，是学校多年开展铸牢中华民族共同体意识教育成果的显现，其课例获得 2020 年北京市第五届"民族杯"中学教师民族团结进步教育进课堂教学大赛二等奖。

实践类课程更是凸显民族团结进步教育，充分利用北京市得天独厚的优质资源，积极组织学生进行社会实践活动，引领学生传承和弘扬中华优秀传统文化、革命文化和社会主义先进文化，把各民族学生培养成爱党爱国、维护民族团结的优秀毕业生，在社会实践课程落实民族团结进步教育。2021 年，围绕民族团结进步教育，申报了区级课题《构建北京十中民族团结进步教育育人体系的实践研究》，本课题旨在通过课题研究引领教师成长，全面提升教师民族团结进步教育的能力和水平。每届内高班学生天安门观升旗仪式，游览颐和园和长城，参观中国科技馆、卢沟桥抗日战争纪念馆等，都是学生大课堂学习的内容。坚持多年的"最美人间四月天"学生诗歌朗诵大赛，来自新疆各地各民族的学生在领略这些承载着中国先进文明、中华优秀传统文化资源的过程中，抒发着自己的真情实感，自然而然地提高了自己民族自豪感和对中华民族的认同感。

学校作为全国红十字模范校，参加培训和志愿服务活动，也是每名学生的必修课,走访学校周边社区困难居民,组织团员参加各种义务劳动,内高班学生利用暑期返疆时间进行宣讲活动等,都是学校实践类课程中的重要实践活动。

三、初心如磐显担当,有力促进民族团结进步教育

我校承办内地新疆高中班已进入第13个年头,先后已有一千多名来自新疆的各民族学子在十中学习生活,节日、寒假的陪伴是老师们工作的重要组成部分,让孩子们在校园过好节,是各级领导的牵挂,更是老师们贴心安排陪伴的行动;遇有孩子们突发疾病的情况,老师们更是冲在前面,联系医院,让孩子们最快得到妥帖的医治,让千里之外的家长放心;孩子们出现思想波动、情绪低落的时候,悉心体察的老师,会及时了解学生的困难,想方设法开导解决困难,除了暑期,多数时间学生们都在校园,党组织充分发挥战斗堡垒和党员先锋模范作用,全力保障学生的身心健康,精准及时地满足学习需求,精心呵护学生的健康成长。十多年来,老师们克服重重困难,默默付出,为铸牢中华民族共同体意识贡献着力量。老师的倾情付出赢得了学生的信赖、家长的认可和社会各界的好评。

近几年,我校派出多名援疆援蒙援藏干部教师,为这些地区教育发展及各民族学生的健康成长,展现了十中人的担当,有力地促进民族团结进步教育。近年学校先后有6名干部教师赴新疆、内蒙古和西藏承担一年及以上支教工作。今年是我校援藏干部宋东明在拉萨北京实验中学担任教学副校长的第三个年头。近三年来,她坚持支援一所学校、示范一个地区,以"一对一""一对多"形式帮带本地干部教师,整体提升他们的教学能力和教育科研水平,以点带面,持续开展多级联动教研,让西藏各地市一线教师广为受益。宋东明副校长先后邀请65位北京专家开展短期教育援藏,通过专题讲座等形式发挥辐射作用,拉萨市直学校2000余名教师受益。在请进来的同时,宋东明副校长积极协调组织拉萨教师赴京进行交往交流交融,开阔教师视野,提升教师业务能力的同时感受内地丰富的文化资源,真实体会到北京拉萨是一家,仅近一年参与"三交"活动的教师就有120余人。宋校长的坚守和付出受到当地师生广泛赞誉,她本人在援藏期间也光荣地加入了党组织,成为推进民族团结进步教育的好干部。

四、育人成果显著,民族团结进步教育落地生根

北京市第十中学作为北京市民族团结教育示范校,积极发挥示范引领作用,涌现出一批开展民族团结进步教育先进典型,市区级骨干班主任、市区级骨干教师,不断有班集体、教师、学生获得全国、市区级多项奖项。远赴新疆的家访和与西藏北京实验中学、音德尔一中交流研讨,都是十中人为铸牢中华民族共同体意识的行动表达。十九年来,学校师生赴新疆家访和开展"走亲戚"活动共七次,行程数千里,与各地州教育同行交流,走进学生家中,看望工作岗位上的毕业生等。在丰台区民族文化周开幕式和宛平春节文化活动中,我校学生热情参与并表演民族舞蹈,不仅是丰台学子良好的精神面貌的展现,更是民族团结一家亲的生动展现。

十九年来,北京市第十中学培养了七百余名维吾尔族、哈萨克族、回族、塔吉克

族、东乡族、柯尔克孜族等优秀毕业生,一部分学生在刚年满 18 岁就积极主动地向党组织递交了入党申请,144 名同学被 985 高校录取,三名同学先后被清华大学和北京大学录取。如今,我校已有毕业生在升入高校后入党、参军入伍,还有更多的毕业生已经在全国各地奋战在强国复兴和维护民族团结的各条战线上。

铸牢中华民族共同体意识,推进民族团结进步教育工作,是十中人的初心和使命,今后我们会继续努力,将学校"红石榴"党建品牌建设好,以党建赋能学校高质量发展,砥砺前行,为民族团结进步教育事业贡献更大的力量!

北京市第十中学化学组　梁晓华

2024 年 5 月

共育雪莲花开　谱写团结新篇

　　学校民族团结进步教育,必须全面贯彻党的教育方针和民族政策,紧紧围绕"培养什么人、怎么培养人、为谁培养人"这个根本问题,以铸牢中华民族共同体意识为主线,以社会主义核心价值观为引领,厚植爱国主义情怀,教育引导学生树立正确的国家观、历史观、民族观、文化观、宗教观,坚定对伟大祖国、中华民族、中华文化、中国共产党、中国特色社会主义的高度认同,强化国家意识、公民意识、法治意识,坚决维护祖国统一和民族团结,将自身的理想志向同中华民族伟大复兴紧密联系在一起,成为中国特色社会主义事业的建设者和接班人。

　　北京市第十中学自 2011 年承办内高班以来,通过班级管理、主题教育、社会实践、课程建设、课堂渗透等渠道开展了大量民族团结进步教育实践。学校进入新的发展时期,在学校党组织的坚强领导下,秉承"身心健康、信念坚定、全面发展、突出特长"的育人目标和"胸怀家国、兼善天下"的校训,十中人重新梳理十几年来民族团结进步教育育人实践过程和育人成果,以科研为引领,逐步构建和完善了包括文化育人、课程育人、课堂育人和活动育人为主要渠道的民族团结进步教育的育人体系,建构了民族团结进步教育育人体系模型,为学校民族团结进步教育高质量发展夯实基础。

一、方向指引——党的领导

　　北京市第十中学党委高度重视基层党组织建设,下设五个党支部,其中东校区党支部于 2011 年内高班办班之初建立。东校区党支部设三名支委,共有十五名党员。党支部发挥战斗堡垒作用,将理论学习与实际教育工作紧密结合,带领全体教师遵循办学理念和育人目标,深入开展民族团结进步教育,书写民族团结教育的华彩篇章。

　　在办班的十几年间,党支部带领全体党员发挥先锋模范作用,引领东校区全体教师不负民族团结教育使命和学生家长的重托,以极大的教育情怀投入育人工作中。将日常生活点滴转化为教育契机,将民族团结融入课堂主阵地,精心设计开展主题教育,关心关爱学生的生活和成长。

　　2023 年我校创立了"红石榴"党建品牌,东校区也成为"红石榴党建基地",借助党建基地开展了多样的铸牢中华民族共同体意识活动。以红色文化为主题的社会实践活动,形成了抗战馆、香山革命纪念地、长辛店红色文化景观的实践活动基地。东校区党组织领导学生会创立了"红石榴报",内容囊括了教育教学、校园文化、传统文化、思想建设等多方面。在东校区党支部带领下,全体教师有计划、有目标地开展民族团结进步教育,促进了各族孩子们的交往、交流、交融,民族团结进步教育育人思想也逐步成熟起来。

二、顶层设计——育人体系

依据"严爱细"的教育原则,学校组织学生进行自主管理、开展班级活动,关爱学生成长和发展;学校开展了系列主题教育实践活动,如天安门广场观看升旗、抗战馆举行入团仪式、全聚德体验职业教育;弘扬和传承中华民族传统文化的校本读本开发、各类主题班会教育课等课程建设取得初步成效。通过班级管理、主题教育、社会实践、课程建设、课堂渗透等渠道开展了大量民族团结进步教育实践,取得了丰硕成果。

多年的教育实践经验和众多育人成果,为我们总结经验、梳理成果、开展顶层设计、构建育人体系打下良好基础。2022 年,我们申请了区级重点课题,开展构建学校民族团结进步教育育人体系的实践研究。在党支部领导下,由校区教育教学干部和班主任为骨干组成研究团队,经过两年的实践研究,构建起具有十中特点的民族团结进步教育育人体系。

通过深入学习,研究团队从理论层面深刻理解民族团结进步教育的内涵,明确了民族团结进步教育是立德树人根本任务的重要组成部分,民族团结进步教育的爱国主义教育属性。围绕"培养什么人、怎么培养人、为谁培养人"的根本问题,结合学校民族团结进步教育实践历程,课题组搭建起学校民族团结进步教育的育人体系。

围绕"培养什么人、怎么培养人、为谁培养人"的根本问题,我校民族团结进步教育的使命价值是,为边疆培养栋梁之材,培养坚定维护祖国统一、民族团结的建设者和接班人;我校民族团结进步教育的理念目标是,培养身心健康、信念坚定、突出特长和全面发展的优秀高中生,具有正确的国家观、历史观、民族观、文化观、宗教观,具有对伟大祖国、中华民族、中华文化、中国共产党、中国特色社会主义的高度认同感,具有强烈的国家意识、公民意识和法治意识的社会主义建设者和接班人;我校民族团结进步教育的策略和路径是,以铸牢中华民族共同体意识为主线,以社会主义核心价值观为引领,通过文化育人、课程育人、课堂育人和活动育人四个主要途径开展育人实践。

我校民族团结进步教育有四个主要途径,这四个主要途径之间关系是,文化育人是根本、课程育人是核心、课堂育人是主阵地、活动育人是途径。铸牢中华民族共同体意识蕴含丰富的文化内涵,中华优秀传统文化、革命文化、社会主义先进文化是其中主要内容。文化育人,通过学校文化建设,将文化融入课程体系、课堂教学和实践活动中,将文化认同作为育人之魂;课程育人,开展在国家课程中融入民族团结元素的校本化探索,开发以《内高班中国传统节日文化读本》为代表凸显文化认同特色的拓展课程,充分发挥课程育人的核心作用;课堂育人,在课程设计的基础之上,以文化传承与理想责任教育为重点融入民族团结进步教育课堂教学实践,发挥课堂育人的主阵地作用;活动育人,寓教于活动之中,选择北京的文化胜地、博物馆、高科技企业等社会资源,充分挖掘这些场所蕴含的中华优秀传统文化、革命文化、社会主义先进文化要素,形成不同文化主题的系列社会实践活动项目,增强新疆学生中华民族归属感、认同感和自豪感。

三、实践探索——育人途径

（一）文化育人

1. 校园文化建设

为铸牢中华民族共同体意识,增强学生的五个"认同",营造良好的文化环境和民族团结氛围必不可少。因此,我们加强了体现"铸牢"和民族团结的校园文化标识建设。

（1）"民族团结标识"建设

为浓厚校园民族团结氛围,选取关于铸牢中华民族共同体意识的重要论述,包括"五个认同、四个与共和民族团结一家亲"等表述文字,请专家把关、设计图案、选取位置,创建了弘扬民族团结氛围的校园文化标识。

（2）"办班历程文化背景墙"建设

我们梳理办班历程,搜集大量文字、图片材料,设计建设了以"春夏秋冬——生命的四季"为主题的体现办班历程的文化背景墙。文化背景墙展示办学历程,讲述师生在校生活、成长和发展的故事,挖掘民族团结故事蕴含的精神力量,能够深深触动学生的爱校情结和团结情感。

2. 育人文化的形成和建设

北京十中教师遵循"严爱细"的民族班教育原则,将"严爱细"化于日常的教育行为和班级管理中,学校通过日常学生自我管理、课堂教学、校园社团活动、社会实践活动和主题教育等方式开展了丰富的民族团结进步教育实践,逐渐形成"学生至上"的育人理念。随着教育实践的深入,我们深刻认识到文化感染和文化传承在民族团结进步教育中的重要作用。

以语文学科课堂教学和《内高班中国传统节日文化读本》为典型,蕴含丰富的古典人文精神、优秀传统文化的课程起到了传承中华优秀传统文化的作用;思政课堂讲解中国特色社会主义、讲述改革开放历程,使学生深刻理解社会主义先进文化和革命文化内涵;围绕故宫长城、卢沟桥抗战馆、汽车博物馆、怀柔科技城等地点设计开展社会实践活动,多年的育人实践,学校已经自觉地将多种文化元素融入育人过程中,逐步形成了文化传承和理想责任教育的学校育人文化特点。

（二）课程育人

北京十中依据办学理念和育人目标,形成了基础性课程、拓展性课程、发展性课程构成的课程体系,民族团结进步教育是课程体系中的重要元素。在基础性国家课程中的语文、历史、政治、音乐等学科中强调文化传承和理想责任教育,在数学、物理、化学等学科中开展民族团结元素融入课堂的教学实践研究。在拓展性课程中开设书法、美术、打击乐等社团活动课程,让学生感受优秀传统文化的美感与力量。

语文组在陈海印老师的带领下，完成了《内高班中国传统节日文化读本》的撰写和编纂，成为民族团结进步教育的特色课程。语文组老师们选取了春节、元宵节、清明节、端午节、中秋节、重阳节、傣族的泼水节、蒙古族的那达慕大会、彝族的火把节、壮族的歌圩、藏族的藏历年、苗族的跳花节等适合内高班学生成长规律和教育目标的各民族传统节日，以两个单元的形式编纂了《内高班中国传统节日文化读本》，挖掘传统节日蕴含的丰富人文精神和文化内涵，通过传统节日文化使学生体会各民族文化相互影响、借鉴、融合的过程，从一个侧面认识到中华文化多元一体的发展进程，深刻理解中华文化的人文精神和文化精髓。

（三）课堂育人

十中教师将学科特点、学科核心素养与民族团结进步教育相结合，将包含中华优秀文化、爱国主义、社会责任等元素的民族团结进步教育融入课堂教学，增强学生对中华民族文化的认知与自信，增强学生对伟大祖国、中华民族的认同。

1. 侧重文化传承的课堂教学

在《归去来兮辞》《兰亭集序》《〈四世同堂〉导读》《长征》《丝路情中国梦》等课堂教学中，语文组教师借助诗歌、文言文、现代文阅读等学科优势，阐释中华优秀传统文化精髓、探讨生命的价值与意义、传承革命文化、厚植家国情怀、铸牢中华民族共同体意识。

历史课的三国两晋南北朝的政权更迭与民族交融课程、音乐课的新疆舞蹈的发展课程，分别以政权更迭和舞蹈音乐发展过程，让学生体会文化的交融和多元一体的形成过程，增强学生对中华文化的认同感。

2. 侧重理想与责任教育的课堂教学

课堂教学将责任与理想教育相结合，在文化传承基础上，通过突出体现道德观念、法治精神、人文精神内容的元素呈现在课堂中，探索社会责任教育方式。

政治课的民族区域自治课程利用政治学科在法治、政治方面的优势，重点选取与民族政策、新疆地区关系紧密的内容，达到让学生深入理解我国的制度优势和民族政策的目的。物理课的能源与环境课程引入了新疆能源与内地能源的问题，转变学生的错误认识，增强学生国家安全意识和社会责任感。生物、化学、地理等学科巧妙以新疆的物种、工业、地理等内容创设情景，让学生深入了解新疆的发展和优势，增强学生努力学习建设家乡的责任感。

多年来课堂教学融入民族团结进步教育实践取得丰硕成果，以课堂实录、教学设计等方式呈现，收获 8 个市级奖项、6 个区级奖项、2 节区级公开课，部分成果收录在市、区级出版物中。

（四）活动育人

我们梳理了办班以来的主题教育实践活动内容，理出了三个清晰的主题：中华优秀传统文化、红色文化、科技文化。围绕故宫、长城、孔庙、颐和园等设计开展以优秀传统文化为主题的教育实践活动，让学生置身其中，领略优秀传统文化的内涵和魅力;围绕卢沟桥抗战馆、香山革命纪念地、长辛店红色文化景观以及红色影片等设计开展传承红色文化的主题教育;围绕汽车博物馆、京东物流、华为总部、怀柔科技城等开展以现代科技文化为主题的教育实践活动,增强学生对中华文化、对伟大祖国的认同感,强化学生报效祖国、建设家乡的理想和责任。

围绕"培养什么人、怎么培养人、为谁培养人"的根本问题,落实立德树人根本任务,有效增强学生对伟大祖国、中华民族、中华文化、中国共产党、中国特色社会主义的高度认同感,北京十中扎实推进民族团结进步教育,强化文化建设、课程建设、课堂融入、主题教育实践活动等民族团结进步教育育人渠道,逐步形成十中民族团结进步教育育人体系和范式,为推动学校民族团结进步教育高质量发展打下坚实基础。雪莲花开,硕果累累,北京十中将砥砺奋进、书写民族团结进步教育的新篇章。

北京市第十中学物理组　欧庆胜

2024 年 5 月

浅析内高班班级管理工作

中学教育的重点目标由为高等教育培养选送人才向为社会培养合格、高素质的公民转变。面向全体学生、关注每个学生的发展是素质教育三大要义之首。新的课程标准也提出,教学必须面向全体学生,使他们都能掌握一定的基础知识和基本技能,为提高全民族素质,培养社会主义现代化建设的各级各类人才打下良好的基础。中学阶段是形成正确人生观、世界观的关键时期。培养有理想、有道德、有纪律、有知识的高素质人才,是时代赋予的要求,也是广大家长对学校的嘱托。内高班学生构成多元,我们都知道新疆是一个多民族的省份,学生身上有着鲜明的民族特色,在组建班级、常规管理、生活管理等方面都要注意到学生的民族习惯。班主任作为班级工作的组织者、管理者和策划者要有全局的眼光,要有政治责任感。多年的教育经验告诉我们,学生良好思想品德的形成是一个渐进的过程,对内高班的教育管理我认为应该从以下两大方面入手:

一、注重情感教育,走进学生的内心世界

内高班的学生年龄普遍较小,他们远离家乡、远离父母、远离朋友,来到一个新的环境中。刚开始很不适应,想家。有的学生家庭条件拮据,个别的家庭是单亲家庭。这些情况作为管理者应该了解得很详细,在教育过程中我们要考虑到,其实教育过程是管理者和学生"心理需要"相互映照的过程,是师生"心理交流"的过程。教师对学生怀有真诚的感情,尊重学生,关心、体贴学生,学生才会"亲其师,信其道",自觉愉快地接受教师的教诲。因此,整个班级管理的过程中,教育管理者要始终身体力行,要求学生做到的事情自己首先做到,用自己对教育事业的无限热爱,言行一致、光明磊落的品质,对工作认真负责、精益求精的态度去感染学生;同时公正对待每一个学生,无论品学兼优,还是基础薄弱,从不偏信偏爱。这些做法为班级管理的制度化、规范化以及"把班级还给学生,让班级充满成长气息"的班级管理平台创建提供了空间。

二、班级管理规范化、精细化

没有规矩,不成方圆。在内高班组建之初,我们就要对学生进行全方位的教育,在班级管理中我们要依托《中学生守则》《中学生日常行为规范》和班级精细化管理有关规章制度,制定一整套科学系统的、全面可行的《班级纪律规范》,从班级管理目标、活动、评价、反馈等方面实现班级事务的组织、管理、教育和控制,使班级管理工作做到有章可循,这就避免了班级工作的盲目性和随意性,班级管理的规范化、精细化具体展开有以下几方面:

首先,细化班级管理制度,制定《班级纪律规范》,实施班级制度化管理。

细节化、科学化的班级管理是在规范化管理基础上的深化,是班级管理的一种内在需求,也是班级文化建设层次更新的必然之路。为避免班级细节化管理变为走过场、搞形式、随波逐流,将"细节"二字真正落到行动上,《班级纪律规范》要能反映绝大多数同学的意志,并涵盖了学校生活的方方面面,反映了学生在德、智、体、美、劳等方面的表现情况及综合素质。这些细节化的工作调动了全体同学的积极性,凝聚了班级集体意识和团体荣誉感,确保了班级管理实施的力度及针对性。实践证明,这个管理办法行之有效,能很快杜绝学生违纪现象,对规范学生的行为、建立良好的班风起到了很好的作用,收到了良好的效果。

其次,要做好内高班班委会创建工作,营造精细化管理环境。大家都知道国家开设新疆班的重要意义,因此在班级建设方面班委会的创建尤为重要。这里不仅仅是班级管理层次方面的问题,更有着深远的意义。从班级学生构成上看我们要在学生民主选举和推荐基础上扩展班委会作用,细化分工职责,强化监督力度,为班级精细化管理营造"自主、开放、立体"的管理环境。班主任在这项工作中要做到慧眼识才,要任用思想道德素质好、有大局观、有较强沟通能力、对工作认真负责的优秀学生担任班级管理干部。在管理中我们要对任期内发现的好人好事加以表扬,对违反学生管理细则的人和事进行班级通报批评,并写出任职心得,使班务管理透明化;加强学习委员负责制,拓展课代表的工作平台,由课代表负责处理、应对本科学习方面的众多事务。班主任要做好更高层次的班级运作管理和班级文化导向工作;消除班级管理的局限性,要强调人人参与班级的管理理念,这凸显了学生的主人翁意识,有利于班级凝聚力的形成巩固,使班级管理更加开放,为精细化管理的正常运作组建了立体式操作平台。

最后,要做好内高班学生的心理辅导工作。新疆班的学生是经过了严格的选拔后才获取来到内地学习的资格。可以说这些学生在原来的班级里都是学习较好的学生,但是来到内地后,把他们重新组合肯定会出现发展的不平衡趋势,同学们会有心理落差。实践证明这个问题是一个我们必须面对和解决的难题。个别学生出现了心理问题,如苦闷、彷徨、抑郁、自卑等,并由此引起厌学、恐学、情感脆弱等现象。作为教育工作者,做好学生心理辅导工作,显得十分重要。作为教育工作者就要用心理学、教育学的原理和方法,有意识、有目的地对学生在学习和生活过程中遇到的一般心理问题,给予直接或间接的心理辅导,并对这些心理障碍或轻微心理疾病进行诊断和矫治。要做到及时解决、标本兼治,使学生摆脱这些困扰自己的问题,能够以一颗平常心对待生活。作为教育工作者必须强化自己在心理辅导工作中的主导地位,通过心理辅导,激发学生自我教育,让自己尽快步入学习、生活的正轨。

对于内高班的管理与建设而言,只要我们用科学的眼光来面对班级工作,用大局的眼光面对少数民族学生,新疆班的班级管理工作就会顺利开展。当然我们每个教育工作者要以身作则,为人师表,把自己融入班级之中,这样,我们的班级管理工作才会取得预期成效,才会培养出合格的社会主义建设者和接班人。

北京市第十中学语文组　王文建

2024 年 5 月

在民族团结教育中融入生命教育

一、铸牢中华民族共同体意识，团结就是生命

民族团结是大局，关乎各族人民的根本利益。没有民族团结，就无法实现安定团结，也不利于经济建设和其他事业的发展。作为班主任，应引导学生铸牢中华民族共同体意识，树立休戚与共、荣辱与共、生死与共、命运与共的共同体理念。

通过组织学生观看纪录片，让学生感受到中国人的不屈精神，维护祖国统一是中华儿女的神圣职责。在前进道路上，面对艰难险阻，中华儿女万众一心、众志成城、和衷共济，夺取了抗洪抢险、抗击非典、抗击风雪冰冻灾害、抗震救灾等重大斗争的胜利，展现了伟大的中华民族精神和社会主义中国的伟大力量。学生被这些感人画面深深震撼，深刻认识到团结就是生命、力量、希望和胜利。通过开展系列班会，让学生了解各族人民和衷共济、和睦相处、和谐发展的故事，厚植学生的家国情怀，他们自觉做民族团结进步事业的建设者和促进者。

二、养成良好的生活学习习惯，促进身心健康

边疆少数民族地区学生大多来自农村，受教育因素和家庭条件影响，学业成绩与城市同龄学生存在差距。加之传统文化和生活环境的影响，他们思维发展受限，容易产生自卑感和孤独感，对学习、生活悲观失望甚至自暴自弃。开展生命教育，有助于学生树立自强不息、积极向上的奋斗精神，建立直面困难、挑战逆境的健康心态，抛开思想包袱，轻松学习、乐观生活。

三、恰当地对学生进行挫折教育，增强抗压能力

挫折是指人们在达到某种目标的活动过程中遇到的障碍和干扰，导致个人需要得不到满足。挫折难以避免，而学生作为教育的主体，在家中备受呵护，在顺境中成长，在生活、学习中遭受挫折时更容易不知所措、深受打击。

遗憾的是，挫折教育未得到家长与老师的足够重视。挫折教育实际是"抗挫折教育"，在物质条件相对提高的今天，更多体现在心理素质的培养上。

作为教育工作者，可从以下方面对学生进行心理挫折教育：

1. 营造轻松愉快的氛围，减少受挫因素。对学生的期望符合实际，对学生充满爱心，给予温暖，公平对待各类学生。

2. 在教学中渗透挫折教育。关键在于正确对待挫折，在教学中使学生懂得理想实现的艰难曲折，鼓励学生战胜困难，不畏挫折。

3. 加强心理辅导，重视个别教育。

理解信任学生，消除对立情绪。通过正面教育，提高学生思想认识，增强理智。征求学生意见，维护其自尊心，创设宽松、和谐环境。表扬鼓励学生。根据因材施教原则，提出合理目标和任务，让学生体验成功，增强信心和毅力。善于发现学生

闪光点,运用迁移规律,促进学生全面发展。创设挫折环境,设计军训、越野、远足等活动,让学生磨炼意志。

四、敬畏生命,认识生命的多维度

在现行教育体系中,学生往往被视为知识灌输的对象,而非身心成长的"生命体",导致学生难以理解生命的价值和意义。

生命教育的范畴丰富多元,包括生命历程教育、生命安全教育和生命价值教育。生命历程教育通过引导学生接触生命起源、成长过程和死亡,认识到生命的不可替代,从而珍惜、爱护生命;生命安全教育旨在提高学生突发事件自救技能和自我保护意识与能力;生命价值教育力求让学生体验生命的美好,了解个体应承担的社会责任与使命,主动探索生命的价值与意义。作为教育者,对学生进行生命教育不能停留在空洞的说教上,应从生活中挖掘教育素材,抓住教育契机。

前两年的疫情让我们真切感受到,生命是脆弱的,也是顽强的,还可能是恒久的。作为班主任,我让学生展开讨论"到底靠什么可以呵护生命、保全生命",学生认为是人格、知识、科技的力量,为战"疫"成功播下胜利的种子。我又问他们"这种力量从何而来",学生回答"注重读书学习、掌握过硬本领"。讨论后,我让学生撰写文章,谈谈对生命的认识,最后我们统一认识了生命的"四个维度":

1. 生命是有温度的:生命是具体、多元、鲜活的,会有高低起伏、顺境逆境,要懂得用时间疗伤,用哲学、人文艺术和时代精神慰藉、滋养生命。

2. 生命是有宽度的:尊重、热爱、提升生命,德智体美劳全面发展,有人格、有本领、有担当,才能更好地实现生命价值、体现人生意义。

3. 生命是有深度的:生命需要不断修炼、开拓、超越,放下自我与得失的纠结,舍小我成就大我,在创新中奉献正能量。

4. 生命是有长度的:爱惜生命、延长生命,提升生命意义。重视身心健康,加强体育锻炼,争取健康快乐地为祖国工作。

一个好班主任应具备更多智慧,为每一位学生的生命成长、发展、完善付出努力。用满腔的情和爱滋润学生的心田,温暖他们的心灵。相信学生们会在亲切的笑容、温馨的问候和热情的帮助下健康茁壮成长!教育者也是受教育者,生命教育是生命相互成就,彼此吸纳、欣赏、影响、融合的过程。我们应尊重生命、用心引导,做智慧型班主任!

北京市第十中学数学组　赵永彩

2024 年 5 月

在英语教学中渗透情感教育

一、情感教育的定义

情感态度指兴趣、动机、自信、意志和合作精神等影响学生学习过程和学习效果的相关因素，以及在学习过程中逐渐形成的祖国意识和国际视野。情感教育的目标包括培养学生的社会性情感、提高他们情绪情感的自我调控能力、帮助他们对自我、环境以及两者之间的关系产生积极的情感体验，最终指向教育目标的完成和健全人格的培养。

二、情感教育的必要性

随着教学改革和素质教育观念的深入，教育应摆脱"唯理性主义教育"的歧路，顺应情感教育的世界趋势。教育体制改革使教师面临既要传授知识又要注重情感教育的挑战，而应试教育思想导致学生存在诸多负面情绪和行为，缺乏情感教育对学生发展危害更大。成功需要智商和情商，情感教育对学生素质提升和取得成功必不可少。

三、教育对象分析

高中学生情感发展包括情感内容不断丰富、深刻性增加、稳定性增强、高级社会情感逐步发展的特点。内高班学生除了具有这些普遍特点外，还有特殊的情感特点：对生活和教学环境需要较长适应期，有想家情绪，容易分心，对汉族学校和老师的接纳需要一定的过程。内高班教师应结合知识教授，开展情感教育，帮助学生形成正确的世界观、人生观和价值观。

四、英语教学中的情感教育渗透案例

情感教育可通过教学中的长期渗透和课堂教学得以贯彻实施。

（一）在教学中长期渗透情感态度目标

教师可通过培养师生感情、建立良好关系、提高教学水平以及关注和尊重学生等途径，使学生好学和乐学，激发学习兴趣，保护自尊心和积极性。

（二）通过创设情景教学实现情感态度目标

人教版高中英语教材以单元话题形式编排，内容涉及众多学生感兴趣的话题。教师应依托教材，将情感态度目标渗透到课堂教学中。

1. 利用人物传记类文章，引导学生学习成功人士的优良品质，如开展课外阅读、讨论人物品质、分析成功原因、确立人生目标和制定奋斗计划。

2. 利用音乐或电影等专题，激发学生学习英语的兴趣，培养个人情趣与才艺，如组织专题活动周，让学生介绍歌曲和歌手、进行音乐赏析和歌曲学唱等。

3. 结合单元主题，渗透社会责任感和爱国主义情感教育，如结合奥运会、文化遗产、野生动物保护、传统节日等内容，让学生感受祖国的发展、了解传统文化、建立社会责任感。教师还应引导学生关注国内外大事,讨论相关事件,增强国家意识。

总之,情感教育与全面发展教育是有机统一的整体,教师应深入学习新课程标准和教育心理学知识,结合教学实际总结体会,使学生乐学,教师乐教,让情感教育潜移默化地影响学生的人格和心灵,使他们形成积极向上的个性,发展沟通与合作能力,增强国家意识,拓展国际视野。

北京市第十中学英语组　李莉娜

地理学科混班教学实践与反思

——以《气压带和风带》为例

内高班学生是选拔出来的优秀学生,品学兼优。他们在北京与本地生共同学习、交流,实现了各方面很好的交融。由于通用语言基础弱,内高班学生在理解地理专业名词方面有一定困难。教师需要正确分析内高班学生学习特点、与本地学生的差异所在,如此才能进行相应的教学改进,探索出适合学生的和谐高效的课堂教学。

地理图像既能形象地显示地理事物的特征、空间位置和发展过程,又可以把数据具体化、形象化、规律化。因而地理图像成为地理学科的第二语言和重要载体,是地理学习的重要内容和工具,所谓"无图不地理""图是地理的灵魂"。

地理图像又是地理教学中应用最广泛、最具直观性的教具。高中地理图像系统主要由地图、示意图、剖面图、曲线图、柱状图、景观图、漫画以及各种图表构成,学生学会阅读、分析、运用地理图表和地理数据是地理教学的基本目标之一。巧妙运用地理图像进行教学,不仅能够培养学生的读图分析能力,还能够很好地培养学生的空间想象和空间思维能力;不仅能够引导学生从地理图像中提炼地理学的一般原理和规律,还能够促进学生更好地理解地理原理和规律,促进地理原理和规律的迁移应用。

笔者以人教版必修 1 第二单元第二节《气压带和风带》教学实践为例,阐述在教学过程中如何利用图像的巧妙变换和分组教学、自主探究的教学方式,让内高班学生、本地生发挥各自的优势,落实教学重点,突破难点内容,同时提升学生的地理空间思维能力。

一、根据课标要求和教材内容的特点,确定核心地理图像,明确学生的空间思维障碍

本节课的课标要求是"绘制全球气压带、风带分布示意图,说出气压带、风带的分布、移动规律及其对气候的影响"。

本节课关注全球性大气环流及其对气候的影响。全球性大气环流是自然环境中物质运动和能量交换的重要形式之一,对自然环境的形成和发展有着重要作用。本节课的核心地图是"气压带和风带分布示意图",全球有 7 个气压带和 6 个风带,根据课标,要求理解它们的形成原理、掌握它们的分布规律、通过具体案例分析对气候形成的影响,通过变换气压带和风带分布示意图,获得对地理事物多角度、多方位的认识。

关注地球表面的气压带、风带的形成,必须通过三圈环流来说明。理解三圈环流有两个基础,一是大气热力环流,一是风的形成及风向的转变。热力环流、风的

石榴花开照眼明——跨区域多校联动教研成果汇编

形成是本单元课程上一节课学习的重点和难点内容,气压带和风带对气候的影响,是本节课中规律性、原理性知识的能力提升部分,也是这个单元地理学习和研究的终极目标之一,对于学生应用迁移能力的要求比较高,所以"气压带和风带分布示意图"起到承上启下的作用。

无论是要完成课标要求,还是考虑教材内容所体现的地理学思想在必修 1 和高中地理系统中的地位,都可以确定"气压带和风带分布示意图"为核心的教学地图,学生能够快速、全面、准确地从地理图像材料中最大限度地提取有效信息,并对有效信息进行完整、准确地理解与整合,形成综合性的信息解读,既是学生学习能力的体现,也是正确地解决问题的前提和基础。但是气压带、风带的形成过程是一个抽象思维的过程,是一个逻辑严谨的推理过程,因此在学习过程中,学生很难完整、准确地理解气压带、风带的形成和分布,由平面图像建立立体空间思维模型,所以笔者在本节课的教学过程中需要把抽象的问题形象化,利用立体模型、图形变换、动静转换、层层递进、巧妙设问等方式,将复杂知识简单化,促进学生对地理规律的理解和迁移应用,提升学生空间思维能力,提高地理课堂教学效率。

二、通过绘图和立体模型辅助教学,促进地理图像的空间转换

本节课内容要求学生了解的有三圈环流的形成及气压带、风带的名称、分布。气压带、风带的形成过程虽然不是学生重点掌握的内容,但却是理解气压带、风带对气候影响的重要前提,因此在教学中引导学生理解三圈环流的形成过程至关重要。笔者将内高生与本地生混编分组,每个小组既有内高生也有本地生,在引导学生回顾热力环流原理的基础上,采用教师边讲边绘图的方法,分析三圈环流的形成过程,最终得出全球气压带和风带的名称、分布规律,加深对气压带和风带的了解。学生在纬度分布图上绘制气压带和风带风向图,巩固温习已有知识,增加对知识的理解,充分调动学生学习地理的积极性,但在这部分教学中,学生容易出现平面和立体图像之间空间转换的障碍。因此,在教学过程中教师引导学生绘制了三圈环流图之后,课前利用学生资源制作了一个立体的三圈环流教具,请学生上台边复习三圈环流的形成过程,边在立体模型上绘制空气运动的箭头,增进了学生对地理图像的空间转换能力,突破了学生的空间障碍,并且培养了学生的动手操作能力、地理思维能力。

1.回顾热力环流原理,推导三圈环流形成过程

三圈环流的形成过程不是学生重点掌握内容,但常规的教学过程比较烦琐,会耗去很多教学时间,学生还不容易掌握关键性知识,在大脑中没有整体的框架,全是零散堆砌,对后面教学起到阻碍的作用。在三圈环流的教学过程中,笔者引导学生在分组讨论的基础上,自主探究,在原有热力环流原理的基础上,在不考虑地球自转、公转和地表变化的理想状态下,形成单圈环流,然后逐步考虑现实状态,考虑了地球自转(有地转偏向力)、公转(太阳直射点季节性移动),最终形成三圈环流,进而得出全球气压带和风带的名称、分布。笔者把这样的过程以小组汇报的形式

绘成图,小组分工合作,有利于各个层次的学生发挥各自的特长,由动手动脑能力强的内高生绘图,由理解分析问题能力强的本地生带动内高生理解进而形成完整的知识框架。

2.绘制三圈环流示意图,增强对地理过程的理解

本节课标要求"说出气压带风带的名称、分布规律",全球有 7 个气压带和 6 个风带,理解三圈环流有两个基础,一是大气热力环流,一是风的形成及风向的转变。形成风的直接原因是水平气压梯度力,近地面的风向是由气压梯度力、摩擦力和地转偏向力共同作用的结果。对于高中基础校的学生来说,他们有一定的学习基础和认知能力,但是要完全准确无误地长期理解掌握,除了从教学环节的演变过程来帮助学习,再就是教师适当引导学生利用已有知识的迁移应用来自己绘制气压带和风带分布图,真正做到用眼看、动手画、用耳听、用脑想、动口讲,达到既照顾到不同学生,分类指导,又能发挥内高生与本地生的优势互补,充分调动学生学习地理的积极性,提高单位时间的教学效率的目的。

引导学生回忆风的形成原理和过程绘制风带风向,先把气压带名称写出,找到高低压,进而可以画出水平气压梯度力,然后判断半球,根据地转偏向力,北半球右偏,南半球左偏,就可以绘出最终风向。如果有时间,南半球的风带也可以很轻松绘出并且说出风向,理解风向的形成原因就省去了记忆六个风带的风向难度大,容易混淆,耗费时间长还容易忘的问题,随时需要随时就可以绘出进而判断每个风带的风向,起到事半功倍的学习效果。

3.利用三圈环流立体模型,提升学生的空间转换能力

在以往的教学中,笔者尝试过在课堂中用比画、多媒体演示等方式来增强学生对三圈环流的空间概念。然而,一旦到了做题时便会发现,学生还是完全混淆了平面和空间,死记硬背书上的三圈环流图,根本无法想象其实际的立体形态,这阻碍了学生对大气环流的认知以及对气压带、风带的真正理解。

我多次思考,如何在地球仪上制作三圈环流模型呢?地球仪表面很光滑,任何东西都难以站住,极易滑掉。这次上课前,我无意中看到了地球仪旁边放置的由经纬网组成的经纬仪,其表面由经纬线组成,可以固定一定的物体。于是,我和学生商量,有什么办法可以实现我的想法。最后,学生通过剪较硬的纸条,模仿三圈环流的大气运动,并用别针固定住了。

上课过程中,笔者首先在黑板上进行空间分析大气的运动,然后画出平面图,接着请一位学生上台在立体模型上绘制空气运动的箭头,说明三圈环流的形成过程。如此一来,有利于全体学生在平面图和立体图之间进行思维切换,立体三圈环流模型帮助学生解决了实际的立体空间形象问题,突破了气压带、风带是在立体的三圈环流基础上形成的空间思维难点,提升了学生的空间转换能力。

三、通过变换图像,提升对地理图像的理解和空间想象能力

对于气压带和风带的形成和分布,通过上面的教师绘图、学生绘图、制作模型,

仍然有学生停留在理解的表面上,不能够真正理解它们的演变过程和原理,而且在会考和高考中,往往不会简单直接给出教材上的原图,所以要通过变换图像的呈现角度,获得对地理事物多角度、多方位的认识。

1. 三圈环流图之间的空间变换

课本图2.10为地球上的气压带和风带示意图,图上侧面形成一个半球三个环流圈:低纬环流、中纬环流和高纬环流,把图像变换呈现角度,学生会有不同的收获,也有助于在后面的学习过程中迁移应用知识,起到承上启下的作用,形成知识框架。

2. 气压带、风带的季节移动图的动静变换

在上面图像变换的基础上,进一步学习气压带和风带的形成过程,还要考虑太阳直射点在南北回归线之间移动,气压带、风带在一年内还随季节作周期性移动,在北半球,与两分日相比,气压带和风带大致是夏季北移,冬季南移。在这个环节中,笔者通过小组讨论的教学方式,引导学生分析两幅气压带、风带季节移动静态图像的变换,帮助学生呈现出一幅气压带、风带随季节作周期性移动的动态图像,方法简单,教学难度小,让学生通过对比地理图像,直观分析得出移动的规律,提高学生的空间转换能力,提升学生的地理空间思维能力,达到事半功倍的教学效果。然后再次进行图像变换,学生能很快判断出此时的季节以及原因。

四、通过图像的巧妙设计,提高地理空间思维和迁移应用能力

全球性大气环流对气候的影响,是本节课中规律性、原理性知识的能力提升部分,也是地理学习和研究的终极目标之一,对于学生应用迁移能力的要求比较高,根据气候季节变化的特点,选用地理图像由之前的静态图变为动态图,将气压带和风带的季节移动加载到世界气候类型的分布图上,选取具体的案例,以亚热带地中海气候为例,分析地中海气候特点和形成原因,将地理知识与地理技能有机地结合在一起,并逐步提高读图分析能力、归纳总结能力、迁移应用能力和地理空间思维能力。在这个环节中,笔者利用多媒体动画来呈现气压带风带的移动过程,让学生以小组的形式,观察、分析并总结出移动的规律。

根据逻辑思维规律,教师通过围绕教学目标精心设计选取地理图像,由绘制地图,到图像变换,由静态图,到动态图,将问题由简到繁,由已知到未知,由具体到抽象,有利于混编小组的互助学习,启发学生思考问题、解答问题,提高地理空间思维能力。

五、内高学生混班地理教学反思

这节课设计的最大特点是根据教学大纲和教材内容,通过精心选取多种形式的地理图像,采用分组教学、自主探究等教学方式,将内高生与本地生学习难度上的严重两极分化转变为优势互补,从而提升单位教学时间内的学习效果,从读图、绘图、制作立体模型、析图、用图五个层次完成气压带和风带的分布、移动规律及其对气候的影响的教学目标。在教学过程中,笔者通过学案反馈明显感觉到学生学

会了读图的基本步骤,通过自己绘图加深了对热力环流原理的理解,初步学会了提取图中的有效信息和通过分析图像解决案例中提出的一些问题。在读图、用图方面比课堂教学之前有了很大的进步和收获,并且对气压带、风带的形成和分布建立起清晰的思路,理解了气压带、风带对气候的影响。

实践证明,分组互助式教学法、自主探究式教学法,可以让学生找到自己的优势,确定自己的位置,激发学生的学习兴趣,进而提高学生的学习成绩,也能较好地扭转两极分化的局面,从而大面积地提高教学的整体质量。

北京市第十中学地理组　王丹

以学生为主体的新时代内高班思想政治教育工作探究

内高班学生思想政治教育工作和本地学生思想政治教育工作既有共性,也有特性。我认为,准确把握国家民族教育方针政策对内高班思想政治教育工作的要求,准确把握内高班学生成长的实际情况,是做好内高班学生思想政治教育工作的出发点。本文结合学生成长案例,解读国家民族教育方针,尝试总结、反思、探究内高班学生思想政治教育工作的经验和规律,便于今后更好地开展工作。

一、准确把握内高班学生成长过程中的思想问题

要牢固树立以学生为本的教育理念,学生是内高班思想政治教育的出发点和落脚点,只有全面了解内高班学生成长过程中出现的思想问题及对思想政治教育工作的实际需求,才能更有针对性、更有效地开展思想政治教育工作。近几年,我坚持搜集、整理内高班学生成长案例,了解学生的思想情况,为思想政治教育工作提供参考。

(一)从新疆初到内地适应新环境时的孤独感

我在整理内高班学生成长案例时发现,绝大部分学生在初到北京时,都有思念家乡、想念亲人的孤独与痛苦。学生在成长案例中写道:"从来不曾想过自己会离开家乡,离开父母,千里迢迢到北京来求学,我躺在被窝里擦拭永远也流不干的眼泪。舍友拉开我的被子,本想她会劝我不要哭,可是她竟紧紧抱住我说:'不要蒙在被子里哭,我陪你一起哭!'泪水终于以排山倒海之势汹涌澎湃。"有的学生还写道:"在刚来的几个月,乡愁笼罩着校园,在这难熬的日子里,老师给予我们安慰与鼓励,带着我们渡过难关,时时刻刻温暖着我的心……"

高一新生大都 15 岁左右,很少离开父母独自生活,一下子千里迢迢来到北京、上海、广州等大城市,有好奇和新鲜感,更有远离亲人的孤独和痛苦。这种痛苦体验要远远大于我们教师的想象,会对学生成长产生影响,是他们必须迈过去的第一道坎,也是我们教师进行思想政治教育工作时必须考虑到的实际情况。

(二)从初中到高中巨大落差造成的失落感

学生在成长案例中写道:"从初中到高中,巨大的落差,让我真的不相信自己是优秀学生。"内高班的学生都是从新疆各地选拔出来的,他们在当地学校都是佼佼者。但是,由于新疆各地教育发展水平不均衡,学生学习基础的差距还是很大的。同学们需要重新找到自己的位置,成绩不好的学生会不同程度地产生失落感。

(三)在学习生活中诸如成绩波动等造成的挫败感、迷茫感

一个人的成长很难一帆风顺,大都会面临失败和挫折,在失败面前,自然而然地会产生挫败感和迷茫感。有一位同学在成长案例中这样写道:"转眼间,高二半

个学期都快过完了。虽然老师们常说,成绩波动是很正常的事,但期中考试的失利还是给了我很大的打击,数学只考了 79 分。我第一次对未来感到无助和迷茫,父母对我的期望很高,我想到自己从北京落荒而逃、大败而归的狼狈,害怕父母老了自己无法给他们一个富足的生活……这些荒诞的想法,的确让我感到痛苦。"

(四)在和本地学生交流时渴望得到认同的焦虑感

承办内高班任务的学校大都采用了"混班教学模式",内高班学生特别是少数民族学生渴望融入新的集体,渴望得到本地学生的认同。由于生活习惯等方面的差异,会造成一定的困难。一位女同学在成长案例中写道:"没有歧视和偏见,有的只是欢笑和喜悦,期待每一天与他们的交往,珍惜每一刻与他们在一起的时光。我和北京的学生已融为一体,这才发现,不管是新疆的我们还是北京的他们,我们其实都一样,并没有那么大的不同。一直以来,我们都在努力得到他们的认同,殊不知他们也因此而努力。"

(五)家庭教育缺失造成的无助感

孩子的成长需要家长的陪伴和教育,但是内高班学生常年住校、远离父母,只在暑假返乡时才能和父母一起生活很短的时间。即便现在通信发达便捷,他们的家庭教育还是有缺失的。我个人认为,弥补内高班学生家庭教育的缺失是非常重要的,内高班教师要责无旁贷地承担这个任务,要把家庭教育合理地融入对学生的思想政治教育工作中来。

以上几种情况不是内高班学生在心理上、思想上的所有问题,但还是比较普遍和典型的。这些实际情况和本地学生比较而言,有共性,也有特殊性,是我们开展思想政治教育工作的基础。

二、关于内高班学生思想政治教育工作的几点认识

基于上述内高班思想政治教育工作面临的问题及学生成长的实际情况,结合自己工作经验,我总结出以下几点认识:

(一)要高度重视起始年级学生的思想政治教育工作

起始年级学生会面临诸多困境,许多问题交织在一起。要想保证内高班学生顺利地走好第一步,在这一时期大力开展思想政治教育工作是非常有必要的。要紧紧围绕学生在这一时期容易出现的问题有针对性地开展工作,把理想信念教育、民族团结进步教育和习惯养成教育作为重要内容,全面加强爱国主义教育和中华民族共同体意识教育,把思想政治教育和学校社团建设、校园文化建设及学校日常管理结合起来,消除或减弱学生的孤独感、失落感、迷茫感,等等。例如,召开"建设伟大祖国、建设美丽新疆"等主题班会;开展师生结对子、导师制、本地生与新疆学生结对子、教师带学生回家过年等活动;开展游览名胜古迹、参观博物馆等社会实践活动。

(二)要系统地通过实践活动开展内高班学生思想政治教育工作

开展内高班学生思想政治教育工作要避免空洞的说教,应该更多地组织学生参加实践活动,让学生在真实而生动的感受和体验中提高自身的思想政治素养。

例如,北京市名胜古迹和博物馆等资源非常丰富,学校可以利用这一得天独厚的条件,对社会实践活动进行比较细致的规划:入学军训,培养学生国防意识和吃苦耐劳的精神;到天安门看升旗仪式,参观故宫博物院,进行爱国主义教育,领略传统文化;游览颐和园、圆明园、香山、北京植物园、北京动物园,让学生接近自然,增强集体观念,进行热爱祖国历史文化教育;徒步登长城,逛莲花池庙会,游览石景山游乐园,让学生了解春节习俗,传承传统文化,促进民族融合;寒假实践活动参观国家博物馆、自然博物馆,让学生了解、传承中国传统文化等。

(三)要灵活地开展内高班学生思想政治教育工作

开展内高班学生思想政治教育工作要遵循学生的成长规律,注意学生实际需求,解决实际问题。要通过不同形式、不同途径开展工作,既要注重系统性,又要注重灵活性;既要注重集体教育,又要注重个体教育。

在开展主题班会、主题教育、社会实践活动等集体教育的基础上,还要适时而灵活地开展个别学生的教育。每一名学生面临的问题是不完全相同的,实际需求也不一定相同,老师要抓住教育契机,及时地进行教育。可以推行导师制,一名老师带若干名同学,保证每一名学生都有导师带。这样做,减轻了班主任工作的负担,最大化地提升了思想政治教育工作的合力。导师制这种全员德育模式在一些学校收到了良好的效果,获得学生的认同和好评。

另外,还要构建内高班思想政治教育工作评价体系,对本项工作进行有效的促进和考核。例如,每一次社会实践活动结束后,要求学生完成规定的观后感等作业,评定学生的收获,做好记录。这样做,既能比较科学地量化学生的成长情况,又为填写学生综合素质表现提供了依据。

新疆维吾尔自治区伊犁哈萨克自治州巩留县教育局　热杰浦·亚森

第二部分

教学基本信息				
课题	小家与大家 ——读《项脊轩志》			
学科	语文	课型	新课	年级	高二
授课教师	王文建	教材	人教版高中语文必修5	

融入方式

　　《项脊轩志》是明代文学家归有光的代表作之一,以其细腻的笔触和深沉的情感,描绘了作者书斋项脊轩的变迁及其家族的历史,表达了作者对家庭、亲人的深深怀念与感慨。而民族团结则是中华民族自古以来就秉持的优良传统,是国家繁荣富强、社会稳定和谐的重要基石。本节课旨在通过《项脊轩志》的学习,引导学生理解家庭和谐与民族团结之间的内在联系,培养学生的家国情怀和民族认同感。

教学分析

一、教学内容分析

　　《项脊轩志》是明代文学家归有光的代表作,也是表现亲情的经典之作,是一篇借物叙事的抒情散文。本文通过书斋"项脊轩"的几度兴废,写与之相关的家庭琐事和人事变迁,表达了人亡物在,三世变迁的感慨以及对去世的亲人的深切怀念,真切感人。《项脊轩志》最重要的一点就是一个"情"字,文中归有光对去世的祖母、母亲、妻子的深情追忆,如泣如诉,哀婉动人,通过本文的学习,学生可以理解并感受到这朴素又伟大的情感。

二、学生情况分析

　　当今社会,信息技术飞速发展,电子科技已经渗透到生活的方方面面。人与人之间的交流似乎少了情感,彼此关系变得有些疏淡,尤其是至亲之间似乎也有隔阂。家庭的和谐是社会发展的基石,是民族团结的保障,我们一直以"铸牢中华民族共同体意识"为核心开展各项工作,要借助这样的教育契机,让学生通过学习,用心感受生活中的平凡小事,感悟所拥有的挚爱亲情,进而理解小家与大家的和谐关系是民族团结和谐发展的基石。

三、教学重、难点

教学重点:掌握《项脊轩志》中的关键词语、句子和段落,理解文章的内涵,分析作者对家庭、亲情的深厚感情,探讨这种感情对于个人成长和社会稳定的意义。

教学难点:加强学生对文章深层次含义的把握,理解和谐的家庭关系对民族团结的影响。

四、教学方法

讲授法、研讨法、练习法。

教学目标
1. 理解《项脊轩志》的主要内容,掌握文中关键词语、句子、段落的含义进而了解民族团结的重要性及其在中国历史与现实中的体现。 2. 通过小组讨论引导学生理解家庭和谐与民族团结的内在联系。 3. 培养学生珍惜家庭、感恩亲情的情感,树立正确的家庭观和人生观。增强学生的民族认同感和家国情怀,激发他们为维护民族团结、促进社会和谐贡献力量的意识。

教学过程			
教学环节	教师的组织和引导	学生活动	教学意图
一、导入	情境创设:播放一段关于家庭和睦、民族团结的短视频,引导学生思考家庭和谐与社会稳定之间的关系,引出《项脊轩志》的学习。	认真观看视频,理解家庭和谐、社会和谐与民族发展之间的关系,产生对课文学习的浓厚兴趣。	引导学生悟出"和谐"的重要性。

二、 教学 过程	**1.1 初步感知** 朗读课文:学生自由朗读课文,感受文章的韵律和情感。 整体感知:引导学生概述文章的主要内容,初步了解项脊轩的历史变迁和作者的情感变化。 **1.2 深入解析** 关键词句讲解:教师讲解文中的关键词语、句子,帮助学生理解文章的含义。 情感探究:分析作者对家庭、亲情的深厚感情,探讨这种感情对于个人成长和社会稳定的意义。 **1.3 拓展延伸** 小组讨论:分组讨论项脊轩的变化如何反映了家庭和社会的变迁,以及这种变迁对个人情感的影响。 联系现实:引导学生思考现代家庭如何保持和谐,以及家庭和谐对于社会稳定的重要性。	学生在阅读中理解,感受作者情感变化。 学生思考、理解个人的发展与社会进步的关系。 深层次分析文章情感价值。	提升学生阅读理解能力。 通过教师指点、引导使学生明确家庭和谐的重要性,理解家庭和谐和社会发展的关系,懂得只有各民族团结才能促进中华民族大家庭和谐进步的道理。

2.1 家庭和谐与民族团结的联系 观点探讨:引导学生思考家庭和谐与民族团结之间的内在联系,讨论如何通过家庭和谐促进民族团结。 2.2 践行民族团结的行动倡议 行动倡议:提出一系列践行民族团结的具体行动倡议,如尊重不同民族的风俗习惯、参与民族团结进步教育活动等。 **总结展望**:强调民族团结对于国家繁荣富强、社会稳定和谐的重要性,鼓励学生将所学知识转化为实际行动,为维护民族团结贡献自己的力量。	同学之间合作探究,深化对问题的理解,提升自身的分析问题能力。 懂得家国之大,小家与大家的和谐是社会发展之源,懂得自身价值所在和在实践中要践行的道理。	通过研讨,引导学生加深对"和谐"概念的理解,让学生认识到自身肩负的责任,树立家国意识,同时通过"行动倡议"提升学生分析问题、解决问题等的能力,促进学生写作能力的提升。 通过教师的引导,达到本节课的教学目的,让学生认识到自身价值,懂得"家国和谐"的道理。

教学反思:

　　《项脊轩志》与民族团结虽然看似是两个不同的主题,但实际上它们之间存在着紧密的联系。家庭是社会的细胞,家庭和谐是社会稳定和谐的基础。

　　通过对本文的学习,引导学生懂得"和谐"的真谛,懂得家庭、个人、社会之间的密切关系,我把民族团结这个大主题嵌入到了个人、家庭的变迁中,学生在研讨中加深了对民族团结的认识,同时也理解了作者的情感变化,对人生、社会、家庭有了更深刻的认知,对未来的成长方向更清晰了,对民族团结的理解也加深了,实现了本节课的教学目标。

教学基本信息				
课题	丝路情中国梦			
学科	语文	课型	活动课	年级	高一
授课教师	肖颖	教材	人教版语文必修二		

指导思想

一、指导思想

通过语文教学,全面提升内高班学生的语文素养和综合能力,为他们今后的学习和生活奠定坚实的基础。同时,强调家国意识,让学生感受到祖国的强大和温暖,培养学生的家国情怀。

二、融入特点

本节课是依据人教版高中语文必修二演讲单元所设计的一节活动课,由学生学习三篇课文,掌握演讲词的特点以及如何撰写演讲词。在课堂教学环节,由三位同学用精彩的语言向我们描绘了丝绸之路的前世今生与未来。从张骞出使西域开始,民族间的交流与融合便已展开。如今,"一带一路"正促进着各民族共同的发展,我们要立志好好学习,将来投身"一带一路"建设中去,建设家乡,报效祖国。同时,我们也要好好练习演讲,掌握好这些演讲的技巧,通过演讲向家乡的父老乡亲描绘外面世界的精彩,讲述伟大的中国梦。

教学分析

一、教学内容分析

本课是基于人教版语文必修二演讲单元基础上创设的一节活动课,演讲是一门语言艺术。战国思想家鬼谷子言:口者,心之门户,智谋皆从之出。还有人说:一人之辩,重于九鼎之宝;三寸之舌,强于百万之师。由此可见,出众的演讲口才将使我们雄辩滔滔,占尽上风。飞速发展的当今时代,演讲更成为人们传播知识、发表见解的重要途径,沟通心灵、争取同盟的有力桥梁,在社会各领域发挥着积极的作用。

二、学生情况分析

撰写一篇优秀的演讲词,完成一次成功的演讲,对于内高生而言,既是训练他们语言表达能力的有效策略,也是完善自我、促进民族团结的重要方式。本单元,我们将阅读有关"演讲和演讲词"的经典文章,并学以致用,完成一次成功的演讲。

三、教学重、难点

教学重点:培养学生在演讲中自然流畅、清楚明白、感情真挚地表达自己的观点、看法和感情。

教学难点:培养学生用正确的眼光去看待社会和人生,有自己正确的见解和立场。

四、教学方法

新课程最大的亮点就是对学生主体地位的尊重和学习方式的改变,把学习的主动权还给学生。因此本课在教学方法上做到了充分尊重学生的主体性,课前我将学生分为三个小组,分配给其相应的任务。并且指导学生通过查阅资料,自主撰写一篇演讲词并完成一场精彩的演讲。

教学目标

知识目标:理解什么是演讲,把握演讲的要求。

能力目标:培养学生语言流畅、主题明确、感情真挚地进行演讲的能力。

德育目标:培养学生正确的人生观、价值观以及自信的态度和勇气;加强学生对丝绸之路,"一带一路"政策的了解,促进民族团结。

教学过程			
教学环节	教师的组织和引导	学生活动	教学意图
	一、课堂导入 1.教师导入本节内容 在学习完《就任北京大学校长之演说》《我有一个梦想》《在马克思墓前的讲话》这几篇课文以后,请同学们谈谈这三篇课文给大家留下的感受。 【明确】(板书) 《就任北京大学校长之演说》师生情 爱国情 ——教育兴国之梦 《我有一个梦想》种族情　国家情 ——种族平等之梦	1.阅读学术文献,了解"演讲词"写作特点。 2.交流研讨,整理"演讲词"写作的基本方法。	教师引导学生复习演讲的理论知识。 指导学生按照主题撰写演讲词并完成演讲。

《在马克思墓前的讲话》朋友情 人类情 ——人类自由之梦 这三篇演讲词虽各有侧重,但都是建立在强烈的民族情、国家情基础之上,并且有着明确的演讲目的。 2.演讲的定义 演讲,是一种交流思想、沟通情感的重要方式,它主要是用有声语言来传达演讲者的思想感情,收到打动、感染听众之效,达到宣传教育的目的。 (板书) 演讲词的标准: 观点明 情感真 讲逻辑 语言靓 (心中有听众,笔下有现场) **二、课堂展示** 2017年,北京高考作文题是"纽带",说起"纽带",我们就不得不提到为民族交流与融合做出突出贡献的丝绸之路。千百年来,这条道路上演绎了太多民族交往的情感史诗,丝绸之路像一条纽带,联结着各族人民。而今,"一带一路"正续写着丝路传奇,各族人民紧密联系,齐心共筑着中国梦。下面,请各组派代表来为我们呈现《丝路情中国梦》主题演讲。 **三、课堂评价** 分小组讨论谈谈感受。 感谢同学们精彩点评,在刚才的点评中同学们谈到三篇演讲对自己情感上的触动,同时还谈到了在演讲的过程中需要注意的要求,下面我们总结一下。 演讲标准: ①主题明确,内容充实	学生根据主题进行演讲。 学生评价演讲。	总结一场优秀演讲的标准。

②感情充沛,张弛有度

③神情自信,仪表端庄

④语言丰富,表达流利

四、课堂总结

  三位同学用精彩的语言向我们描绘了丝绸之路的前世今生与未来。从张骞出使西域开始,民族间的交流与融合便已展开。如今,"一带一路"正促进着各民族共同的发展,我们要立志好好学习,将来投身"一带一路"建设中去,建设家乡,报效祖国。同时,我们也要好好练习演讲,掌握好这些演讲的技巧,在暑假用我们的语言向家乡的父老乡亲描绘外面世界的精彩,讲述伟大的中国梦。

教学反思:

  本节课学生掌握了演讲词撰写的方法,评析一场好演讲的标准。课堂气氛活跃,尤其是向我们展示三篇演讲的同学,在演讲的舞台表现力和演讲的情感充沛方面都很突出,非常精彩。同时,通过本节课的学习,同学们更好地了解到丝绸之路的前世今生,也了解到现在"一带一路"政策在促进民族团结方面所发挥的作用。学生们表示,各族人民就像石榴籽一样紧紧抱在一起,作为一名内高学生,他们也将用演讲的方式架起一座民族之间沟通的桥梁。

教学基本信息				
课题	地理之谜（Puzzles in Geography）——阅读口语课			
学科	英语	课型	阅读口语课	年级	高二
授课教师	马可然	教材	人教版高中英语		

指导思想

一、指导思想

《普通高中英语课程标准》教学原则中指出：教师要充分利用现代教育技术，开发英语教学资源，拓宽学生的学习渠道，改进学生的学习方式，提高学生的学习效率。在条件允许的情况下，教师应充分利用更重听觉和视觉的手段，丰富教学内容和形式，促进学生课堂学习；要利用计算机和多媒体教学软件，探索新的教学模式，促进学生的个性化学习；要开发和利用广播电视、英语报刊、图书馆和网络等多种资源，为学生创造自主学习的条件。《普通高中英语课程标准》基本理念之一是提高学生的人文素养，使学生在英语学习的过程中，提高独立思考和判断的能力，增进跨文化理解和交际的能力，从而全面提高人文素养。据此理念，新课标把培养学生的文化意识作为课程目标，这就要求教师要注意培养学生对于文化的理解和跨文化交际的能力。另外，语言技能目标中指出，学生应该能从一般性文章中获取和处理主要信息；高中英语教学应该着重培养学生用英语获取和处理信息的能力；用英语分析问题和解决问题的能力以及批判性思维能力。

二、融入特点

第一，引导学生深挖本课的主题，发现民族团结和融合的重要意义。本课的内容是英国的地理之谜，文章主线通过解谜的方式告诉大家英国的地理历史文化之间相互影响、相互作用的关系——地理之谜的答案存在于历史和文化中。本文讲解了英国的形成历史，讲述了这片土地上曾经生活的不同民族的居民，例如凯尔特人、罗马人、日耳曼人、维京人等。他们的历史和文化构成今天的英国社会的传统和文化基石。国家的形成过程就是各个民族的团结与融合的过程。这一点反过来强化加深了学生对于中国的发展与民族团结民族融合关系的认识。

第二，课后作业的布置，教师设计了"介绍自己的家乡"作为单元的写作作业。此设计的目的在于不仅能够让更多人认识新疆、了解新疆，还可以借此激发学生热爱家乡、热爱祖国的热情，从而形成强烈的国家归属感和自豪感。

教学分析

一、教学内容分析

本单元的中心话题是英国。本单元的话题涉及英语课程标准的第十九个话题（世界与环境）和第二十二个话题（历史与地理）。初中阶段学生们曾经接触过一些介绍国家或地区的话题，在北师大版的八年级英语下册中的 unit 12 Western China 这一单元，是以谈论中国西部为话题而展开，使学生了解西部的地理位置、特征,通过阅读使学生获得中国西部的地貌、资源、人口、面积等方面的知识。还有九年级 unit 5 English and English-Speaking Countries,讲述了说英语国家的概况。进入高中阶段,在人教版教材必修一 unit 3 Mekong River,通过王威姐弟的自行车旅行经历,描写了沿途的风光和习俗,并展示了游记的写作特色。在必修三 unit 5 Canada 中,学生们学习了从自然的角度介绍一个地方的写作手法。以上初高中的知识储备,为本课学习作好了铺垫。同时,学习本课又为选修八 unit 1 Read A land of diversity 的学习打下基础。所以本单元在教学中是一个承上启下的单元,既复习了以往的知识,又为以后的学习打下基础,作好了铺垫。

　　本单元讲的是英国的历史文化和地理位置,国家的构成以及名胜古迹。阅读部分是从地理、历史、政治、文化等角度说明了联合王国的形成、发展,以及它的风土人情和人文景观。本单元和模块三 unit 5 Canada 是紧密相连的两个单元,都是介绍一个国家,但是采取不同的角度。对于 Canada 的介绍选取的是它的自然风光,自然资源的角度。而对于 UK,本单元采取的是人文的角度,从历史、政治、文化习俗的视角来展示 UK。两个单元的认知建构的结合,能够帮助学生构建出一个关于国家或地区的完整认知——既有自然景观又有人文背景的完整的地理意识建构。为了形成这一完整的意识建构,本单元的目标归纳并建构人文要素,即历史、政治、文化与地理的关系。本课作为本单元的一节 reading and speaking 课,它既注重知识的有效输入从而帮助学生进行意义构建,又注重语言输出,通过各种活动引导学生分析和解决问题,并在此过程中锻炼学生的批判性思维。本课通过读和说的结合,达到语言输入和输出的统一,达到意义构建和分析解决问题的统一,这不仅符合学生的认知规律,更锻炼了学生的批判性思维。所以说,本课是本单元中重要的输入和输出课,为单元目标的达成打下了坚实的基础。

　　二、学生情况分析

　　授课对象是内高班学生,他们对外界的感知相对闭塞,对外国文化、风土人情有极大的求知欲。所以本课对于学生有很大的吸引力,所以课堂的任务设计尽量避免因任务烦琐而打扰学生的有效阅读。由于学生的自身的知识面相对较窄,又一直住在学校,使得学生难以找到可用资源,所以教师在授课的过程中补充了大量的图片、视频和文字材料,帮助学生了解相关知识,帮助学生构建翔实的认知结构,促进学生的学习兴趣。帮助学生在学习过程中达到身临其境的感受。学生的基础薄,但是学习兴趣浓厚,对于这一点,教师应该多设计小组活动,小组讨论,即以小组为单位集思广益,采取共同协作的方式去完成课堂任务,同时通过各小组内部来自不同民族同学之间的交流,充分锻炼不同民族同学之间通过团结协作解决问题的能力,从而促进民族团结。内高班学生对家乡具有极深的感情,对地方文化和民族特点有极大的自豪感。

三、教学重、难点

教学重点:

1. 意义建构——地理之谜与历史、文化和制度的关系。

2. 运用所建构的意义分析解决现实生活中的问题。

教学难点:

1. 归纳总结地理之谜与历史、文化和制度之间的联系。

2. 运用建构的意义分析和解决实际问题。

四、教学方法

小组合作,多媒体及网络资源的利用。

教学目标

一、知识技能目标

1. 学生总结出地理与历史、政治以及文化之间的关系。

2. 学生能够谈论自己眼中的英国。

二、情感目标

1. 通过学习本课,开阔视野,对英国的历史文化地理政治产生一定的认识。

2. 通过对英国民族融合的历史的学习和思考,认识到民族融合是历史的必然趋势,只有民族团结,才有强大的国家。

三、文化意识目标

1. 学习英国的历史、地理、文化,有利于学生世界观和价值观的形成,从而培养世界意识。

2. 学习英国的历史、地理、文化,进行反思。从而增强民族自豪感,树立民族团结一致建设富强国家的信心和决心。

教学环节	教师的组织和引导	学生活动	教学意图
Leading-in	Teacher shows the questions and lead Ss to the class theme.	students work as a team to collect knowledge about UK and share at class, then teacher gives students a short video about UK.	To wake up students knowledge of UK as well as to begin the progress of making a concept of UK.
While-reading	Teacher shows the tasks	Part I. students read the article to finish following tasks. 1. draw a timeline to show the history of UK's formation. 2. find out in what areas the four countries work together and find out their different institutions. 3. Mark three zones of England in the map and point out which part attracts more visitors and tell the reason. 4. Find out the name of invaders and list what cultural relics they left.	1. to help students enrich their knowledge of UK, to make their concept of UK concrete. Meanwhile, practice students ability of acquiring and dealing with information.

		Part Ⅱ. students answer questions while checking answers and making up background information. Q1. What puzzles can you find? Q2. What makes the puzzles?	2. To help students understand the relations between geography and history, institution and culture as well as get their ability of understanding and deep thinking.
	Teacher shows Ss' worksheet by projector and give questions		
	Teacher shows the questions	Part Ⅲ. students's internalization and formation of concept. Q1. What do you learn in this class? Q2. What is the relation between geography and history, and culture?	To help Ss internalize and conclude the relations between geography and history, institution and culture, then form the concept.
Post-reading	Teacher shows the questions	Q1. There were many different peoples in England, including: Anglo — Saxon, Normans, Celtics. Where are they now? Q2. What is the relation between UK and these peoples?	the question is designed to strengthen students' sense of identity and responsibility. Let Ss realize the importance of unity of nations.

		Q3. China is a country with different peoples in it. What is the relation between China and its peoples? Q4. What could we learn from this passage to build our motherland?	
Assigning homework	Teacher shows the questions	(1) write down reflects on the passage. (2) draw a mind map to introduce your hometown—Xin Jiang.	To help students fix what we have learnt in the class and get prepared for the following study of the unit.

教学反思：

一、教学要以学生为主体

教学效果=学习兴趣+师生努力,如果教师能够更好地激发学习兴趣,合理调动学生,安排学生活动,多鼓励学生,相信学生,那么学生就能够给老师一个惊喜。

1. 激发学生的学习兴趣

英语学习和学生的兴趣是有关联的,需要教师在两者间搭建桥梁。话题是贴近学生的生活的,课文如果过时,可以补充其他的话题资料,把课文灵活处理。同一话题下,学什么文章都是知识积累,只要学生对话题有兴趣,就会去主动学习,效果自然更好。

2. 备课要代入学生视角

学生学习的过程是一个意义的建构过程。学生意义的建构,是依据认识规律的。教师要在设计课程的时候,依据对学生的了解,把自己代入学生的角度,反观自己的设计是否符合学生的认知过程,该过程是个完整的流程,必须流畅、清晰。如果教学活动的设计偏离这个认识规律,就会打乱学生的认知过程,从而阻碍意义构建。所以,教学步骤和教学活动的设计必须以学生的意义构建为中心、为转移。

3.多鼓励学生,确认学生的成果

学生,尤其是基础较差的学生,很需要鼓励和认可。可以增加学生的信心,让学生更加敢说、敢做,同时获得更多的鼓励和认可,从而形成一个良性的循环。即便是简单把学生答案进行展示,这也是对学生努力的确认,可以让学生更好地参与到互动中来。

4.相信学生

相信学生的潜在能力和学习的热情。大胆设计活动,抛出难题。随时给予学生帮助和支持。

二、教学应该更加重视语言的综合运用能力

语言是一门工具,课文是学习语言的载体。我们的教学不一定非把目光放在一个载体上边,例如在各个话题的学习过程中,课文只是熟练话题,获得技能,分析解决相关问题的一个载体,丝毫没有神圣感。它和别的话题相关文章是一样的,我们目的是获得技能,所以,可以灵活处理课文,创造性运用课文,开发新课文。在对课文的处理上,我们不应该拘泥于课文的知识点和词汇,虽然它们对于了解话题获得技能来说的确很重要。对于课文的处理,我认为应该从培养学生的价值观角度去深入思考。只有这样,才能贴近学生的生活,引起学生的共鸣,丰富学生的认识,培养学生的知识和道德。从而达到此话题的输入目的和输出目的。

三、把民族团结教育融入日常教学中来

本课的设计目的之一是希望通过课文的学习,培养学生的国家意识,增进民族团结。学生学习到了英国历史上不同民族之间的文化交流和各民族大融合与英国国家意识的树立,以及它们在英国崛起过程中发挥出的巨大作用。从而引起学生的反思——民族团结和国家意识的树立是大国崛起的牢固基础。

教学基本信息				
课题	多普勒效应			
学科	物理	课型	新授课	年级	高二
授课教师	李伟	教材	新人教版	

指导思想

一、指导思想

在物理教学过程中,强调各民族科学家对中国雷达事业发展的贡献,让学生体会到科学之光照亮了中华民族进步发展之路,让学生体会科技发展对国家、社会、个人发展产生的影响。将这些指导思想融入多普勒效应的教学中,不仅能够提升学生的物理知识水平,还能在潜移默化中培养学生的中华民族共同体意识,为国家稳定繁荣作出贡献。

二、融入特点

强调科学知识是中华民族共同的追求和财富,通过讲述中华各民族科学家对中国多普勒效应雷达的发明和应用,体现中国人的智慧,增强学生对科学价值和民族共同体的认识。

引导学生认识到,多普勒效应不仅是一种自然规律,也是科技进步的基础。通过科技应用实例,如卫星通信、气象预报、医疗诊断等,展示科技如何服务所有民族,促进社会进步和民生改善,增强学生对国家科技发展的信心和投身国家科技发展的愿望。

鼓励学生思考,如何利用多普勒效应的知识解决实际问题,特别是在促进民族地区经济发展、环境保护等方面的作用。通过团队合作,让学生在解决问题的过程中加强团队协作,体验到共同努力的价值和乐趣。

教学分析

一、教学内容分析

学生尽管学习了机械波的产生、传播的基本规律,但关于多普勒效应学生尚缺乏相应的感性认识,多普勒效应是具有综合性的波的现象,学生学习具有一定的难度。教学中尊重学生的认知规律,设计力求落实新课标的理念,从中国多普勒雷达和课堂实验现象激发学生兴趣引出课题,使学生感受奇妙的物理现象。从学生身边的现象出发,通过实验以及多媒体演示,为学生认识多普勒效应提供充分的感性素材,为进一步探究产生的原因奠定基础,研究如何才能发生多普勒效应,借助模拟实验把抽象的现象变成直观的感受,更好地理解多普勒效应的发生原因。最后回归生活,让学生知道多普勒效应在生活中的应用,提供一些具体的学生易于理解的应用案例,巩固和深化多普勒效应产生的原因,让学生感受物理学研究的成就,培养学生的科学素养。

二、学生情况分析

学生在前几节课的学习中,通过实验模拟和动画演示,已经明白了波的产生过程和传播规律。知道了波源振动一个周期,发出一个完整的波形,并向前传播一个波长的距离。知道频率就是单位时间内波源完成全振动的次数,知道波的周期、频率和波的传播速度是不变的。但是对于多普勒效应中声音的变化,学生容易认识为仅仅是声响的变化,对频率的变化较难联想到和分析理解。并且学生对声音响度和音调的认识感到很抽象,不易区分辨别。这些都是本节课要重点突破的难题。

三、教学重、难点

教学重点:

1.波源的频率与观察者接收到的频率的区别

2.多普勒效应的定义及产生条件

教学难点:

音调与响度的决定因素,多普勒效应成因分析

四、教学方法:

实验探究法、启发式教学法、合作学习法、小组讨论法

教学目标
1.知道多普勒效应的概念,波源频率和观察者接收到的频率的区别。
2.通过生活现象和实验探究,让学生认识到波源与观察者发生相对运动时,观察者接收到的频率如何变化,理解多普勒效应的成因。
3.通过实验探究,培养学生科学探究能力,使其逐步形成科学态度与科学精神。
4.通过多普勒效应的应用,了解我国的科技发展现状,培养学生热爱祖国和团结努力共繁荣的情感。

教学过程			
教学环节	教师的组织和引导	学生活动	教学意图
创设情境,引入新课	播放视频:满族科学家贲德《埋头苦干十载 中国成功研制机载脉冲多普勒雷达》的报道视频。	观看视频,感受各民族科学家对中国雷达事业发展的贡献。感受中国科技发展和进步。	视频引入,提高学生学习兴趣。 体会中国各民族科技人员的奉献精神。让学生认识到,祖国一步步发展强大,是各民族团结拼搏和无数优秀中华儿女默默奉献的结果。培养学生国家认同感和中华民族自豪感。

复习回顾	提问(1)声音的三要素是什么?(2)声音的音调由什么决定?	知识再现 　思考回答	复习回顾,为学习多普勒效应作好铺垫。 　温故知新,培养好的学习习惯。
情境实验引入课题	演示实验:学生信号发生器输出振幅不变,不同频率的声音。 　演示实验:蜂鸣器在教室快速移动。	认真听,体会响度不变时音调随频率的变化。 　认真听,辨别并说出声音的变化。	化抽象概念为直观感受,让学生充分体验,易于认识和引起思考。
给出多普勒效应的概念,启发思考	结合学生回答,再提出问题:音调为什么会有变化? 　提问:我们生活中有没有类似的现象? 　结合学生回答,教师播放视频:火车、汽车、飞机从人附近快速经过时的现象。 　给出概念:多普勒效应:当观察者与波源之间有相对运动时,观察者接收到的频率与波源发出的频率不同,这种现象称为多普勒效应。	思考回答,提出自己的观点。 　思考生活中的各种现象,找出类似现象。 　把视频中的感受和自己生活中的感受进行比较。 　听老师介绍多普勒效应的发现过程,规范认识多普勒效应的概念。	设置问题链,通过提问,不断引发学生的思考,把生活与科学知识联系起来,符合物理科学的认识规律。 　了解物理学史,培养善于发现,勤于思考的科学品质。 　体会科学知识源于生活,高于生活,培养实事求是的科学态度。

（侧栏）石榴花开照眼明——跨区域多校联动教研成果汇编

学生实验，探究多普勒效应成因	动画展示：观看波的形成的动画，复习波的形成和传播的规律。 提问：波源的振动频率和波的频率有怎样的关系？ 如果波源频率是 f，每秒内能发出多少个完整波形？ 如果波源和观察者相对静止，观察者能接收到多少个完整波？ 教师：波源的频率在数值上等于波源在单位时间内向外发射的完整波形的个数。观察者接收到的频率就是接收到的完整波的个数。 观察者接收到的频率一定等于波源发出的频率吗？ 展示模拟动画： 用 PPT 展示单位时间队列匀速经过观察者身边的图片。 提问： 1. 观察者不动，经过观察者的人数如何变化？ 2. 观察者逆着队伍走，经过身边的人数如何变化？ 3. 观察者与队伍同向行走且速度比队伍的小时，经过队伍中的人数如何变化？ 教师提出问题：观察者接收到的频率一定等于波源发出的频率吗？ 学生实验：指导学生根据学案自己做模拟实验，去探究波源频率和观察者接收到的频率的关系。	观看动画。 知识再现。 认真思考。 回答老师问题。 观察 思考 回答 学生动手做实验，讨论探究波源频率和观察者接收到的频率的关系。	把抽象的原理具体化，形象生动，易于学生理解。 把多普勒效应分为 5 种情况，条理清晰，有利于学生分析、探究多普勒效应的成因。培养学生合作探究的能力。 让学生充分参与课堂，让学生真正成为学习与生活的主人公。 培养正确的探究习惯和科学的探究方法。

石榴花开照眼明——跨区域多校联动教研成果汇编

总结归纳多普勒效应成因	引导学生分析归纳五个情景。 最后教师总结板书:当波源与观察者有相对运动时,如果二者相互接近,观察者接收到的频率增大;如果二者远离,观察者接收到的频率减小。	展示探究成果,总结多普勒效应成因,思考、观察、记笔记。	给出准确结论,帮助清理学生学习过程中的盲点,减少误解。
学以致用 介绍多普勒效应应用	教师总结强调 1.在多普勒效应中,波源的频率是不改变的,只是由于波源和观察者之间有相对运动,观察者感到频率发生了变化。 2.多普勒效应是波动过程共有的特征,不仅机械波,电磁波和光波也会发生多普勒效应。 多普勒效应的应用。 向学生介绍多普勒效应的几种应用: 应用1:雷达测速仪。 应用2:有经验的铁路工人可以从火车的汽笛声判断火车的运动方向和快慢;有经验的战士可以从炮弹飞行时的尖叫声判断飞行的炮弹是接近还是远去。 应用3:临床上应用:彩色多普勒超声诊断系统。 应用4:多普勒雷达(在歼10上的应用,马航搜救应用)。 应用5:用多普勒效应测量其他星系向着还是远离地球运动的速率,红移和蓝移。	思考、记笔记。 积极思考,理解多普勒效应应用。	利用多普勒效应的应用实例,解释生活中多普勒效应的用途,从而将学习的内容与实际生活产生联系,学以致用。 通过歼10战机的多普勒雷达说明,增强学生的国家自豪感,培养热爱科学的情感。 通过马航搜救的简单说明,让学生体会生命的可贵和脆弱,让学生更加珍惜生命,热爱生命。

总结应用	通过本节课的学习，你有什么收获？ 结合学案上的习题，课后认真思考解答。	学 生 尝 试总结。	通过学生独立思考,加深理解和印象。

教学反思:

我通过介绍多普勒效应在天文学、医学和军事等领域的应用,强调了科学进步对各民族共同福祉的贡献。例如,通过卫星通信技术,无论身处何地,人们都可以即时交流;在医疗领域,多普勒超声技术帮助医生诊断疾病,不受民族和地域限制。这让学生认识到,科技是促进民族团结和社会发展的重要工具。

在实验环节,我组织了分组实验,让学生亲手操作,体验多普勒效应。特别设计了需要团队合作的任务,鼓励来自不同民族的学生相互配合,共同完成实验报告。这个过程不仅加深了学生对物理概念的理解,也促进了学生之间的相互了解和尊重,增强了团队协作能力。

通过分享科学家的故事,特别是少数民族科学家,强调了每个人都有潜力为科学事业作出贡献,不论其民族身份。这让学生感受到了归属感和自豪感,激发了他们对科学的兴趣和对中华民族共同理想的认同。

这些反思旨在评估教学策略的有效性,同时为未来的课程设计提供指导,确保教育不仅仅是知识的传递,更是促进学生全面发展、增强民族团结意识的过程。

教学基本信息					
课题	再识催化剂				
学科	化学	课型	复习课	年级	高三
授课教师	马欣华	教材	鲁科版		

指导思想

一、指导思想

新课程改革以提高学生的化学学科核心素养为宗旨,把科学探究作为课程改革的突破口,激发学生的主动性和创新意识。通过对催化剂的认识、宏观和微观的理解、实际使用催化剂的注意事项等教学活动,培养学生"宏观辨识与微观探析""证据推理与模型认知""科学探究与创新意识"等化学学科核心素养。

二、融入特点

在如何寻找催化剂环节,着重介绍了新疆的矿产资源情况,让学生了解家乡,了解家乡的物产,民族自豪感油然而生。

通过本节课的学习学生可以多角度认识催化剂,知道催化剂可以通过参加反应来加快化学反应速率。在课程的总结提升环节,教师提出"我国是56个民族组成的大家庭,为了祖国的繁荣、富强,希望同学们都能成为促进民族融合的催化剂"的倡议。同学们可以很快进入角色,意识到每个人日常的行为都会影响民族团结,每个人都是促进民族团结的一分子,在平时要发挥好榜样的引领作用。

教学分析

一、教学内容分析

对催化剂实质的考察在近几年的高考题和各区县的模拟试题中多次出现,是新兴的题型,是考试的热点。催化剂是以元素化合物知识为主,涉及宏观和微观、化学反应与能量、化学实验等综合性题目,具有考查知识面广、思考容量大等特点。这类题既能考查学生对基本知识熟练程度,又能考查学生的逻辑思维能力,是选拔性考试中的一类重要题型。

二、学生情况分析

学生在做题中已经多次接触催化剂,但对催化剂的系统考察还存在陌生感。学生也具备独立从微粒之间的相互作用、物质转化中的化学反应原理、化学反应与能量等角度分析问题的能力。但是若把相关知识放在催化剂的背景下,在具体的但是不熟悉的实例中时,感觉学生就有点无所适从。

基于以上分析,本节课旨在带领学生从不同的角度完善对催化剂的认识。

三、教学重、难点

教学重点:理解催化剂的实质,从宏观、微观、化学反应与能量等角度认识催化剂并应用。

教学难点:应用催化剂。

四、教学方法

实验、小组讨论。

教学目标

1.通过"大象牙膏"的实验重新深入理解催化剂的定义。

2.通过从宏观和微观角度分析二氧化锰催化过氧化氢的过程,使学生理解催化剂的本质,并且能够从化学反应与能量的角度解释催化剂的作用。

3.通过活动帮助学生建立分析催化剂问题的模型,并通过实验推理等手段进行验证。

4.理解催化剂可以加快化学反应速率,倡议同学们要努力成为促进民族团结和伟大祖国繁荣富强的"催化剂"。

教学环节	教师的组织和引导	学生活动	教学意图
环节一：认识催化剂	课堂导入： 请同学们观看"大象牙膏"化学实验视频。提出问题： 1.你能说说"大象牙膏"的原理吗？ 2.在该实验中 KI 起什么作用？ 通过谈论 KI 的作用，引出催化剂的概念。在化学反应里能改变其他物质的化学反应速率（既能提高也能降低），而本身的质量和化学性质在化学反应前后都没有发生改变的物质叫催化剂。 指出催化剂的要点。 观看二氧化锰和安琪酵母催化过氧化氢的实验视频。	观看、倾听、理解、思考、解释。 理解催化剂的概念。 体会要点。 观看、理解。	通过视频让学生形象地感知催化剂的作用，通过分析 KI 在反应中的作用让学生初步感知催化剂。 再次明确什么是催化剂，知道催化剂要参与化学反应过程。 形成"同一反应有不同的催化剂、不同催化剂的催化效果不同、酶是一种安全高效专一的催化剂"的认识。

环节二： 理解催化剂	提出问题1： MnO_2 可以催化过氧化氢分解实验，已知由中间产物 Mn^{2+} 生成，你能用化学用语来说明 MnO_2 的催化历程吗？ 提出问题2： H_2O_2 在固体催化剂表面反应的示意图如下： 请从微观的角度描述过氧化氢在催化剂表面反应的历程。 提出问题3： 为什么催化剂能够改变化学反应速率？ 请画出过氧化氢分解反应过程中的能量变化示意图。 	思考、作答 　反思思维路径。 思考、作答 　反思思维路径。 思考、作答。 理解催化剂的实质后画图，再具体画出加入 MnO_2 后的能量变化示意图。	从宏观的角度理解催化剂如何通过参与化学反应过程来提高化学反应速率。 从微观的角度理解催化剂如何通过参与化学反应过程来提高化学反应速率。 从碰撞理论的角度解释为什么催化剂能够改变化学反应速率。从能量的角度让学生理解催化剂如何通过参与化学反应过程来提高化学反应速率。

环节三：应用催化剂	完成 2016 年高考题节选 （1）过程 I 中，在 Fe^{2+} 催化下，Pb 和 PbO_2 反应生成 $PbSO_4$ 的化学方程式是_____。 （2）过程 I 中，Fe^{2+} 催化过程可表示为： i：$2Fe^{2+} + PbO_2 + 4H^+ + SO_4^{2-}\rightleftharpoons 2Fe^{3+}+PbSO_4+2H_2O$ ii：…… ①写出 ii 的离子方程式：_____。 ②下列实验方案可证实上述催化过程。将实验方案补充完整。 2017 北京高考题 27 题节选 当燃油中含硫量较高时，尾气中 SO_2 在 O_2 作用下会形成$(NH_4)_2SO_4$，使催化剂中毒。用化学方程式表示$(NH_4)_2SO_4$ 的形成：_____。 介绍什么是催化剂中毒。 思考你还知道哪些催化剂使用时的注意事项？	书写化学方程式，思考催化剂的催化实质，设计方案验证。 理解、作答 催化剂的选择性，催化剂的适宜活化温度。	通过真实的高考题让学生理解从宏观的角度如何考查催化剂。 通过真实的高考题让学生了解催化剂的使用注意事项。

环节四： 寻找催化剂	通过以上的学习学生已经感知到催化剂的重要性,不同的工业生产应该怎样寻找合适的催化剂? 以 2017 高考题中提到的 SCR 催化剂为例来进行介绍。 SCR 板式催化剂以不锈钢金属板压成的金属网为基材,将 TiO_2、V_2O_5 等的混合物黏附在不锈钢网上,经过压制、煅烧后,将催化剂板组装成催化剂模块。 催化剂需要从过渡元素的矿石中寻找,国家的矿石资源很重要。我国物质资源丰富,新疆境内已有 4000 多处矿产地,探明储量的矿产就有 117 种,其中居中国首位的有 5 种,居中国前五位的有 24 种。并重点介绍了闻名世界的可可托海三号稀有金属矿坑,以"地质圣坑"享誉海内外。为我国原子弹、氢弹的爆炸成功和人造卫星的成功发射作出了重要贡献。 总结:本节课以 H_2O_2 分解实验用到的催化剂为例来认识、理解催化剂。催化剂在实际应用时会遇到各种各样的问题,为了优化催化剂,需要寻找新的催化剂,再重新认识、理解、应用、优化。 最后老师发出倡议:我国是 56 个民族组成的大家庭,为了民族团结和伟大祖国的繁荣富强,希望同学们都能成为促进民族团结的"催化剂"。	学生倾听,体会催化剂需要 TiO_2、V_2O_5,还有前面课程中提到的 MnO_2、Fe^{2+},均是过渡元素。 让学生了解家乡,了解家乡的物产,国家自豪感油然而生。 通过总结,对本节课的知识有个整体认识,进一步加深对催化剂的理解。 将知识自然而然迁移到现实,使学生自愿充当促进民族团结的"催化剂"。	让学生理解需要从过渡元素的矿石中寻找适合不同工业生产的催化剂。 培养学生的爱国、爱家乡的情怀。 总结本节课的主体知识。 对学生进行民族团结的教育。

教学反思：

催化剂是近几年高考中的热点，但是学生的得分率并不高。催化剂是通过参与化学反应从而达到加快化学反应速率的目的。我就在思考在促进民族团结的过程中我们每一个人的功能是什么？我们每一个人不就是催化剂吗？希望通过该节课的教学让学生真正理解催化剂的含义、提升学生的得分率，同时倡导我们每个人都成为促进民族团结的一分子。

本节课始终抓住过氧化氢的分解实验，先让学生整体上形成"同一反应有不同的催化剂、不同催化剂的催化效果不同、酶是一种安全高效专一的催化剂"的认识。然后具体深入从宏观、微观、能量的角度理解催化剂的实质，最后在学生理解催化剂后再介绍催化剂的使用注意事项和如何寻找催化剂。

在整个教学过程中都是采用小组讨论、与学生对话的方式，充分展现学生的思维过程。这就要求教师的提问必须具有明确的针对性，提出的问题要有阶梯性。我感觉在教学实施的过程中我的语言还可以再简练，问题的设置还应该更简洁。通过这节课的教学我感觉让学生认识到催化剂是参与化学反应过程的物质这一教学目标已经达到了，但是对于催化剂是怎样参与化学反应过程的，有一部分同学仍然存在认知障碍，在后续的教学中还要继续强化。

教学基本信息				
课题	动物体细胞核移植技术和克隆动物			
学科	生物	课型	新课	年级	高二
授课教师	叶欣	教材	人教版高中生物学教材选择性必修3	

融入方式

本节课由新疆羊毛产业导入,"新疆的细毛羊占比较少,羊毛细度也较差,从生物学的角度出发,怎样让我们的羊毛产业更好地发展,走向世界?"学生们关心家乡的生产建设,一下子就产生了兴趣,并积极思考对策。接着介绍了新疆农垦科学院研究出的转基因细毛羊,引导学生思考如何去推广这个优良的品种,进而提出"克隆"羊的方法。

在引导学生学习过体细胞核移植技术的原理后,由小组进行体细胞核移植技术的细化流程设计,代入研究者的身份,参与家乡生产的技术研发。对设计优秀的小组提出表扬并介绍"实际上推广克隆细毛羊是我们新疆农垦科学院的另一项成果,结合胚胎工程辅助生殖,新疆地区细毛羊占比和羊毛细度都有了很大的提高",极大地提升了学生的成就感。本节课创设了新疆生产建设的真实情境,引导学生像科学家一样思考问题,像工程师一样解决问题,充分感受技术进步对新疆发展的意义,激发了学生的学习热情以及对家乡发展的责任感。

教学分析

一、教学内容分析

本节的教学内容是人教版高中生物学教材选择性必修3第二章第2节第5课时的内容,课程标准在内容要求中提出大概念"4 细胞工程通过细胞水平上的操作,获得有用的生物体或其产品",重要概念"4.2 动物细胞工程包括细胞培养、核移植、细胞融合和干细胞的应用等技术"以及次位概念"4.2.2 阐明动物细胞核移植一般是将体细胞核移入一个去核的卵母细胞中,并使重组细胞发育成新胚胎,继而发育成动物个体的过程"。

学业要求中提到结合生活或生产实例,举例说出细胞工程及相关技术的基本原理(生命观念);针对人类生产或生活的某一需求,在细胞工程中选取恰当的技术和方法,尝试提出初步的工程学构想,进行简单的设计和制作(生命观念、科学探究);面对日常生活或社会热点话题中与生物技术和工程有关的话题,基于证据运用生物学基本概念和原理,就生物技术与工程的安全与伦理问题表明自己的观点并展开讨论(科学思维、社会责任)。

本节的教学内容与本章动物细胞培养、动物细胞融合技术、胚胎工程以及必修1细胞的分化、必修2减数分裂有密切的联系。教学内容动物体细胞核移植技术是一种能够用于生产实践的系统工程,能够帮助学生发展工程思维,在其中培养严谨缜密的思维过程;学生在阐明原理和流程的基础上进一步思考安全性和伦理问题,通过了解科学家作出的卓越贡献,能够认同核移植技术给人们的生产和生活带来了正面的影响。

二、学生情况分析

学生通过初中七年级上册"小羊多莉的身世"相关资料的学习,对体细胞核移植技术有了粗浅的了解;通过必修 1 细胞分化的学习,具备了关于细胞全能性的基础知识,能够理解体细胞核移植技术的原理;联系必修 2 减数分裂、本章动物细胞培养、动物细胞融合技术,能够理解体细胞核移植技术的操作流程。通过本模块第一个单元以及本单元植物细胞工程的学习,学生已经初步认识到工程思维是从生产实际出发,通过技术的不断迭代和优化实现人类的工程需求。在日常生活中,学生通过网络媒体,对于克隆动物的争论也有一定认识,这些经验都可以引起学生学习的兴趣,并通过学习成果解决实际问题,参与社会事务的讨论。

三、教学重难点

教学重点:体细胞核移植技术的概念、流程设计。

克隆动物在医学领域的应用价值。

教学难点:体细胞核移植技术的流程设计。

四、教学方法

任务驱动教学法、讲授法、讨论法、练习法。

教学目标
生命观念:阐明动物细胞核移植一般是将体细胞核移入一个去核的卵母细胞中,并使重组细胞发育成新胚胎,继而发育成动物个体的过程。 科学思维:尝试提出初步的体细胞核移植的工程学构想,进行简单的设计。 社会责任:认同体细胞核移植技术在畜牧业、医学研究等领域的应用价值。

教学过程			
教学环节	教师的组织和引导	学生活动	教学意图
一、导入	由新疆羊毛产业导入。 提问:怎样让我们的羊毛产业更好地发展? 介绍:转基因细毛羊 提问:如何去推广这个优良的品种呢?	提出培育优良的细毛羊品种。 经过分析,发现通过有性繁殖,速度慢且不能保证优良性状一定传给后代(若没有提出杂交育种,可略过),进而提出"克隆"羊。	结合学生相关的生产实际问题,进行导入,树立学生社会责任意识。

二、体细胞核移植技术的原理、过程、概念	"提起克隆羊,我们肯定首先想到了多莉,我们能不能仿照多莉的诞生,来思考一下克隆新疆细毛羊的大体思路呢?" "为什么通过核移植,由一个体细胞细胞核,就能发育成一个完整的个体呢?" "为什么动物细胞要进行核移植,才能发育成动物个体呢?细胞核与完整的细胞之间,差异在哪里?" "选择什么受体细胞提供细胞质呢?" 指出在实际操作中还有很多这样的问题需要考虑: 选择什么受体细胞提供细胞质? 如何去掉受体细胞中的细胞核? 从供体转基因羊身体哪个部位取细胞? 如何得到大量的供体细胞? 怎样形成重组细胞? 怎样使重组细胞发育成细毛羊宝宝? 引导学生完成学案。在学生完成的流程图基础上,引导学生进一步思考选择某个操作方法背后的原因: "最终代孕羊经过精心呵护,生出克隆的细毛羊宝宝。重复此过程可以产生许多的转基因克隆羊。这些克隆羊会和最初的转基因羊一模一样吗?"	说出克隆细毛羊的大体思路:取转基因细毛羊的细胞核,放入另一只普通羊的去核的细胞,由代孕羊生出克隆羊。 说出因为体细胞核中具有全套的遗传信息。进一步在引导下,说出体细胞核移植技术的原理是动物细胞核的全能性。 一边思考实际操作中面临的问题,一边从"技术锦囊"中选择自己认为合适的操作方法,完成体细胞核移植技术的细化流程图学案。 根据每个需要解决的问题,讲述自己的选择,尝试分析原因,在引导下说出:性状是基因与环境共同决定的;克隆羊的细胞质中还有来自普通羊的线粒体 DNA。 总结体细胞核移植技术的概念。	通过分析核移植技术的原理、过程,促进学生进一步完善结构与功能相统一的生命观念。 从工程学的角度出发,通过模拟设计,培养学生构建模型图的能力,提升学生的科学思维。

	对比较完善的小组流程设计提出表扬。 引导学生总结体细胞核移植技术的概念。		
三、体细胞核移植和胚胎细胞核移植的区别	过渡："除了克隆羊,科研工作者们还相继克隆出牛、小鼠、猫等另外 22 种哺乳动物。" 展示课本上的胚胎细胞克隆的猴的照片;介绍"中中"和"华华"。 两种克隆猴之间的区别是什么? 哪种核移植技术更难实现?为什么?	区分两种技术的供体细胞不同。 说出体细胞核移植更难实现,原因在于体细胞的分化程度高于胚胎细胞,全能性低于胚胎细胞。	通过对比胚胎细胞克隆猴和体细胞克隆猴,引导学生对比两种不同的核移植技术的难易程度。 培养学生对科研领域热点问题的关注。
四、体细胞核移植技术在科研领域的应用实例	为什么要克隆猴呢? 引导学生完成练习1。 引导学生形成逻辑链条。 介绍:中国科学团队的五只 BMAL1 基因敲除的克隆猴。	在完成练习时形成逻辑链条: ①实验动物小鼠与人类有很大的差异,研究成果很大程度上不能平行迁移到人体。 ②以猴作为实验对象,研究某种药物 S 对节律紊乱的治疗效果,进行实验时,首先要构建节律紊乱的猴模型(敲除 BMAL1 基因)。	

		③为了避免操作误差等偶然因素影响实验结果,需要多只节律紊乱的猴,进行重复实验。 ④为了避免因个体差异等无关变量影响实验结果,需要选取若干身体情况一致的节律紊乱的猴,并随机分组。 ⑤猴的自然繁殖比较缓慢,也很难像小白鼠一样通过不断近亲繁殖获得近乎一致的纯合品系。 所以构建这些节律紊乱的猴模型时,最好能够先敲除某只猴子的BMAL1基因,再进行体细胞核移植。	通过基因敲除的节律紊乱克隆猴,引导学生分析克隆动物在科研领域的应用价值。 培养学生的科学探究能力和对科研领域热点问题的关注,培养学生的国家荣誉感,提高学生的爱国热情。
五、其他应用	介绍其他应用领域。	倾听思考	介绍核移植技术在其他领域的应用。
六、延伸	人类不是万物的主宰,在我们不断探索这个世界,创造新技术,改善我们生活的同时,我们也必须小心翼翼地前行。	倾听思考。	激发学生课下思考。

教学反思:

本节课的导入很成功,创设了学生感兴趣的情境,让学生能够代入科学家、工程师的角色,进行工程设计,参与家乡建设,并且设计完成后有真实情境呼应,提高了学生的成就感,充分体现了民族团结进步教育的意义;通过让学生自主构建、完善流程等活动,较好地达成了教学目标,学生学习积极性高,能够主动参与小组活动、快速完成相关练习、提出有价值的问题。

在今后的教学设计中,还可以进一步提升学生的主体地位,增大学生的思考容量和表达时长,将存在的问题及时外显,优化小组合作的分工,提高合作讨论的效率。

教学基本信息					
课题	光合作用的原理				
学科	生物学	课型	新授课	年级	高一
授课教师	伍冰倩	教材	人教版高中生物学必修一《分子与细胞》		

指导思想

一、指导思想

我国正处于近代以来发展最好的时期,教育应坚持立德树人的根本任务,全面加强爱国主义教育和中华民族共同体意识教育,培育有家国情怀,对伟大祖国高度认同,自觉投身于共同团结奋斗、共同繁荣发展的伟大实践,德智体美劳全面发展的社会主义建设者和接班人。

二、融入特点

本节课为人教版高中生物学教材必修1《分子与细胞》第5章第4节第2课时,该课时以影响世界的重大颠覆性技术——人工合成淀粉导入,介绍中国科学家经过6年的技术攻关,在实验室中首次实现从二氧化碳到淀粉分子的全合成,展示我国科学家的智慧、努力与团结,渗透爱国主义。接着引导学生探索人工合成淀粉技术的原理,通过重走横跨三个世纪的光合作用发现历程,解释现象、设计实验、基于假说寻找证据、构建模型等,逐步揭示光合作用中的物质和能量变化,培养学生勇于质疑、实事求是的科学精神,鼓励他们追求真理、尊重事实、以科学的态度和方法去解决问题,认同团队合作以及努力坚持的重要意义。最后引导学生分析人工合成淀粉技术与光合作用之间的联系,理解人工合成淀粉技术就是对光合作用的模拟,并畅谈光合作用在解决粮食短缺问题、缓解温室效应等环境问题方面的意义,强化可持续发展理念,并认同我国科研水平和创新能力的提高,感受中国力量,增强民族自豪感。同时也希望能在学生的心中埋下一颗投身科研的种子,不断学习和探索,为实现中华民族伟大复兴的中国梦而努力奋斗。

教学分析

一、教学内容分析

《光合作用的原理》属于人教版(2019)高中生物学教材必修1《分子与细胞》第5章第4节光合作用与能量转化中的内容,本单元的教学内容包括"捕获光能的色素和结构"和"光合作用的原理和应用",按照结构—功能—应用的逻辑展开教学,符合学生的认知规律。

细胞的生命活动不仅需要物质基础,更需要能量的驱动,而细胞所利用的能量,其源头是太阳能,因此光合作用与细胞的能量供应与利用有着密切的关系。本单元教学以细胞的结构、细胞的物质输入与输出、酶、ATP、细胞呼吸的原理等相关知识为基础,学习光合作用不仅能够帮助学生深化对已有知识的理解,也为后续学习生态系统的物质循环和能量流动等内容奠定了基础。

2017版课程标准对本单元教学相关内容要求如下:

[内容要求]

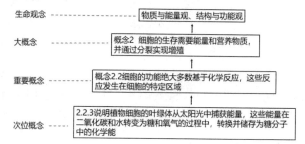

[学业要求]

从物质与能量视角,探索光合作用与呼吸作用,阐明细胞生命活动过程中贯穿着物质与能量的变化。

本单元的知识结构如下:

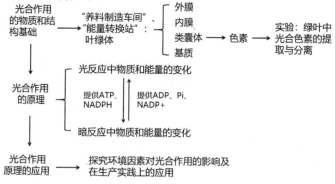

二、学生情况分析

在初中阶段,学生做了"观察叶片结构"和"绿叶在光下制造有机物"的实验,观察了"光合作用释放氧气"的实验,知道光合作用的原料、场所、条件以及产物。在高中阶段,学生已用高倍镜观察了叶绿体,且通过酶等的相关实验的学习,已经具备了基本的实验操作技能、科学思维方法和科学探究能力,这为本单元学习叶绿体的亚显微结构,光合色素种类和功能以及光合作用的原理,开展"绿叶中光合色素的提取和分离"和"探究不同环境因素对光合作用的影响"实验奠定了基础。此外在日常生活中,学生一般都经历过或看见过植物的种植,对光合作用原理在生产实践中应用有一定的了解。

但是,学生对已有的光合作用知识有所遗忘,而在细胞和分子水平探索光合作用的物质和能量变化抽象且复杂,并且高一学生具备的科学思维方法和科学探究能力是有限的,这都给本章的学习带来了困难。

三、教学重、难点

教学重点:光合作用的原理

教学难点:光合作用过程中物质和能量的变化及相互关系

四、教学方法

讲授法、讨论法、探究法

<table>
<tr><td colspan="4" align="center">教学目标</td></tr>
<tr><td colspan="4">1.通过文字资料和科学实验分析,阐明光合作用过程及其物质与能量变化,构建光合作用过程。
2.在体验科学家探究光合作用的过程中,体会人们对光合作用的认识过程是逐步的、不断发展的,认同科学的发展与进步不仅归功于技术的进步与开发,也离不开科学家们持之以恒的探索。
3.尝试设计实验探究 CO_2 转变为糖类的过程,体验科学探究的过程,提升科学探究能力。
4.关注我国科学家在光合作用研究方面取得的成果及应用,分析光合作用研究的意义,认同科技的进步对社会发展的价值,渗透热爱祖国的情怀。</td></tr>
</table>

<table>
<tr><td colspan="4" align="center">教学过程</td></tr>
<tr><td>教学环节</td><td>教师的组织和引导</td><td>学生活动</td><td>教学意图</td></tr>
<tr><td>导入</td><td>【讲述】"喝西北风也能活"要让我国科学家"实现"了。
【过渡】我国科学家做了什么?
播放视频介绍人工合成淀粉技术。
【设问】人工合成淀粉技术的颠覆性体现在哪?
引出人工合成淀粉技术就是在体外对光合作用过程的模拟,引导学生回顾光合作用概念。</td><td>观看视频,思考并回答问题,回忆初中所学的光合作用知识,回忆光合作用概念。</td><td>创设情境,激发学生兴趣,引导学生回忆初中所学的光合作用过程,引发学生思考,为进一步从细胞、分子水平探索光合作用过程及物质与能量变化做好准备。</td></tr>
<tr><td>光反应过程的建构</td><td>【讲述】在 17 世纪的时候,很多科学家对光合作用进行了研究,经过几百年人们才逐渐清楚光合作用的过程。接下来我们一起看看其中一些科学家的研究。
问题 1:光合作用释放的氧气是否全部来源于 H_2O?
出示鲁宾和卡门利用小球藻探索氧气来源的实验。</td><td></td><td></td></tr>
</table>

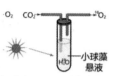

问题2：H_2O 分解生成 O_2，而物质是守恒的，其中的 H 去了哪里？

出示希尔实验过程及结果，给离体叶绿体提供特定的与 H^+ 结合的氢受体（如2,6-D，一种氧化性的蓝色染料，氢受体接受 H^+ 后能被还原成无色）。实验发现：A 试管中除产生 O_2 外，还转变为淡绿色（叶绿体本身的颜色），而 B 试管中无 O_2 生成，且依然为墨绿色。

A光照　　　　　B黑暗

问题3：H_2O 的光解和叶绿体中的光合色素吸收光能有何联系？

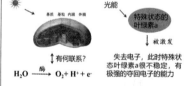

问题4：H_2O 光解产生的 H^+ 和 e^- 的去向是哪？会引起怎样的变化？

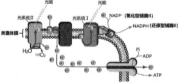

对光反应过程进行小结。

说出鲁宾和卡门实验的方法，描述实验过程和结果，尝试对实验进行改进，分析实验结果，得出 O_2 全部来源于 H_2O 的结论。

分析希尔的实验，获取资料信息对实验现象做出合理的解释，得出 H_2O 分解后产生了 O_2 和 H^+。

聆听老师的讲述，认识到特殊状态的叶绿素 a 夺取 H_2O 的电子使其发生分解。

结合图片分析 H^+ 和 e^- 的去向及其引起 ATP 和 NADPH 合成的过程，分析 ATP 合成所需能量的来源，初步认识物质变化伴随着能量变化。

以科学史为主线，引导学生分析实验结果，得出结论，获取图文信息对相关现象进行解释，逐步建构光反应过程，阐明光反应过程中的物质与能量变化，在探索的过程中，帮助学生发展生物学科核心素养，提高学生获取信息能力、表达能力和探究能力，同时让学生认识到科学是不断发展和进步的，认同科学的发展与进步离不开科学家们持之以恒的探索、团结合作以及实事求是的精神。

暗反应过程的建构	问题 5：光反应过程合成的 ATP 和 NADPH 又去了哪里？发挥什么作用？ 出示阿尔农实验：利用离体的叶绿体进行实验，在黑暗条件下，只要给分离的叶绿体提供 ATP 和 NADPH，叶绿体就能将 CO_2 转化为糖类等有机物，同时，ATP 和 NADPH 的含量急剧下降。 问题 6：CO_2 如何转变为糖类？ATP 和 NADPH 在此过程中只提供能量吗？ 出示卡尔文的实验及结果。

反应时间	带^{14}C标记的化合物
30S	多种
5S	$^{14}C_3$、$^{14}C_5$、$^{14}C_6$
<1s	90% $^{14}C_3$

问题 7：CO_2 如何转变为 C_3 的？C_3 又如何进一步转变为 C_5、C_6 的？

出示 CO_2 转变为 C_3 的两种假说以及卡尔文停止 CO_2 供应和停止光照后 C_3、C_5 含量变化情况。

对暗反应过程进行小结，引导学生分析光反应和暗反应在物质和能量上的联系。 | 分析资料得出 ATP 和 NADPH 与 CO_2 转变为糖类的过程有关，并尝试提出 ATP 和 NADPH 在此过程中提供能量等假说。

设计实验探索 CO_2 转变为糖类的过程，分析实验结果大致说出 CO_2 转变为糖类的过程。

依据卡尔文停止 CO_2 供应后的实验结果，判断出 CO_2 与 C_5 结合生成 C_3，认识到 C_5 是循环利用，依据卡尔文停止光照后的实验结果，分析得出 ATP 和 NADPH 参与 C_3 转变为 C_5 和糖类等有机物的过程。

认识到光反应与暗反应在物质与能量上紧密联系。 | 联系前面所学的研究方法，学以致用，通过对科学家实验结果的分析，建构暗反应过程，阐明暗反应过程中的物质与能量变化，同时认识到光反应与暗反应紧密联系，明确光合作用是一个整体，进一步提高学生的科学探究能力，更深刻体会到科学研究需要持之以恒的科学精神，理解科学的本质。 |

小结	展示人工合成淀粉的流程图。 师生畅谈人工合成淀粉技术的意义。	比较人工合成淀粉技术与光合作用，认识该技术的本质是对光合作用的模拟，举例说明人工合成淀粉技术在解决环境问题等方面的意义。	引导学生关注光合作用的研究进展及应用，提高社会责任意识，认识到科技对人类发展和社会发展的影响，认同我国的科研水平和创新能力的提高，加强可持续发展理念，提升民族自豪感和认同感。

教学反思：

人工合成淀粉技术受到全世界的关注，以该技术导入新课，创设真实情境，去探索光合作用的过程，能有效激发学生的兴趣，渗透爱国主义情怀。

从科学史入手，引导学生发现并解决问题，改进或设计实验，发展科学思维和科学探究能力，有利于培养实事求是、坚持不懈的精神。

以我国科学家的研究成果为学习背景，讨论该成果的意义，能够提高环保意识，增强民族自豪感，但关于人工合成淀粉技术的意义，师生畅谈的时间和空间有待更深入的打开。

教学基本信息				
课题	新疆地区民族乐器及音乐节奏特点			
学科	音乐	课型	新授	年级	高一
授课教师	冯思思	教材	《音乐鉴赏》	

指导思想

一、指导思想

《音乐课程标准》指出："世界的和平与发展有赖于对不同民族文化的尊重和理解,应以开阔的视野学习世界其他国家和民族的音乐文化,理解音乐文化的多样性,共享人类文明的一切优秀成果"。这段文字把对世界不同民族优秀音乐文化的学习提升到了共享人类文明的高度,这正是本课教学设计的强有力的理论依据。

二、融入特点

本课程的授课对象是高一新生,由维吾尔族、回族、哈萨克族等民族的学生组成,通过直观切入学生所熟悉的乐器以及有特点的节奏型,直接提高了学生的学习兴趣和探索主动性。在学习的过程中,不同民族的同学分享各自民族乐器的特点,它们各有特色同时也有相通之处,音乐本身是全世界通用的语言,通过音乐的桥梁进一步拉近了大家之间的感情,每个民族都有丰富多彩的文化,各个民族团结到一起才是一幅艳丽的百花图。

教学分析

一、教学内容分析

1. 本课的教学内容是介绍新疆地区的民族乐器特点,让各个不同民族的学生对本地区的少数民族乐器有所了解,也深刻体会不同民族音乐相互影响、相互融合的过程。

2. 新疆音乐独具一格,有很好的辨识度,依靠的不仅仅是音型音高上的变化,更有典型的节奏特点,通过对节奏的练习,让学生可以更清楚明确地学习新疆音乐中典型的节奏类型。

二、学生情况分析

1. 学生在北京的第一年,音乐能力方面参差不齐,一个班级一般有四个以上的民族学生。

2. 少数民族学生比较善于歌舞,但是节奏不准确,多数学生对于节奏练习比较感兴趣,有唱、打、跳等多种练习方式。并且除了本民族乐器,对其他民族乐器也有较大的兴趣。

三、教学重、难点

教学重点：

1. 聆听、感受、分析新疆音乐中节奏的艺术特点。

2. 运用柯达伊教法进行节奏与音准技能训练,击打练习新疆音乐中常见的附点、切分等节奏型。

教学难点：

1. 能做到准确歌唱,包括切分节奏的歌唱。

2. 能完成与教学内容相关的旋律、节奏的"听、唱、写、创"。

四、教学方法

直观学习——通过图片认识新疆地区不同民族的代表乐器,教师简单进行介绍,帮助学生获得具体直观的乐器知识,作为本堂课的索引。

参与体验——学生唱新疆歌曲《掀起你的盖头来》,从中寻找典型的新疆音乐类型的节奏,并单独进行节奏念唱或击打练习。

技能训练——学生分组,唱与节奏分开,同时进行,互相不受影响,并且可以自如运用典型的新疆音乐节奏。

<table>
<tr><td colspan="4" align="center">教学目标</td></tr>
<tr><td colspan="4">

一、情感态度与价值观

1. 能够积极体验、感受少数民族音乐的特点,理解各民族音乐深处的共同特性,体会各民族音乐相互影响和融合的特点,认识到音乐是各族人民乃至全人类的共同语言。

2. 用歌声、语言、肢体语言和创造性思维积极参与教学并能大胆表现自己。在学习的过程中,通过团队的合作,感受到民族大团结的力量。

二、过程与方法

1. 参与和体验"聆听乐曲、演唱乐曲、击打节奏"等音乐学习过程。

三、知识与技能

1. 能打出新疆音乐中常用的节奏型。

2. 能唱准切分音的节奏类型。

</td></tr>
</table>

<table>
<tr><td colspan="4" align="center">教学过程</td></tr>
<tr><td>教学环节</td><td>教师的组织和引导</td><td>学生活动</td><td>教学意图</td></tr>
<tr><td>一、导入</td><td>（一）学生了解新疆地区少数民族乐器。
1. 你所知道的少数民族乐器有哪些?</td><td></td><td></td></tr>
</table>

	2.是否知道分别属于哪个民族？ 【设计意图】 　　学生对自己家乡的特色乐器有一定的了解，并且有很高的积极性与同学分享。 　　(二)教师 PPT 中列出部分少数民族乐器。 　　1.维吾尔族乐器 　　2.哈萨克族乐器 　　3.塔吉克族乐器 　　4.柯尔克孜族乐器 【设计意图】 　　将学生所了解的乐器分类，让学生不但知道乐器名称并且知道属于哪个少数民族，同时区分于西洋乐器。	回答教师提问。	学生来自新疆地区,对于自己家乡的特色乐器有一定的了解,并且有很高的积极性与同学分享。 　　通过节奏练习掌握新疆音乐节奏型特点。
二、新授	(一)学生学习击打节奏型：  　　节奏类型分别有八分附点、小切分，带领学生练习节奏。 　　请同学分组练习，并且同时进行。 　　可以请同学自己创编节奏。 【设计意图】 　　通过节奏的击打练习,掌握小切分、附点的节奏类型,并且总结出这样的类型在新疆音乐中属于典型节奏型。	学生根据老师所授节奏类型练习(分组)。	更好地感受音乐的魅力。 　　节奏和音乐同时进行,更深一步体会音乐特点。

	（二）学生歌唱 	学生演唱歌曲（可以加入舞蹈动作）。	通过分组体会到团结合作,从而延伸到民族大团结。
三、学生节奏练习		
	【设计意图】 学生演唱自己熟悉的歌曲,并且从中体会切分音在新疆音乐中的特点。 学生分组,一边打击节奏一边进行歌曲演唱。 【设计意图】 通过边唱边进行节奏练习,提高学生的节奏感和准确性,并且更好体会新疆音乐的风格。	歌曲和节奏结合练习。

教学反思：

1.重视实践活动,明确教学目标

《音乐课程标准》指出:"强调音乐实践、鼓励音乐创造"。在授课过程中,我坚持以学生为主体,积极发挥自身引领作用,引导学生参与《掀起你的盖头来》分析、聆听、演唱、打节奏,并将其作为学生走近音乐、获得音乐审美体验的基本途径。

2.更新教学方法,激发学习兴趣

《音乐课程标准》强调:"兴趣是音乐学习的根本动力和终身喜爱音乐的必要前提"。在教学中我力求以丰富的教学内容和生动的教学形式,激发并维持学生的兴趣和热情。在课堂上从学生自身民族音乐入手,提高学生的主动学习兴趣,带领学生打击节奏,清晰明确地展示出新疆音乐中的典型节奏特点,使每个新疆学生对自己地区的音乐特点掌握更加准确。结合学生本身的特长,尊重民族文化,多方面体会情感。这些环节的设置不仅能激发学生对音乐的兴趣,更能不断提高学生的音乐素养。

3.总结关键词,提高教学效率

以学生主动学习为目的,使学生养成音乐学习的好习惯,提高学习效率。学生运用举一反三的方法验证学习效果,既巩固了所学知识又掌握了音乐学习的规律,并运用到今后的音乐学习、欣赏活动中去。

4.教师应在"提高课堂教学效率"方面多思考、多实践

反思本课教学,我发现还有一些方式方法需要改进,比如,应该在课堂上留给学生更多时间,让学生成为课堂的主人,进行创编,这样既可以提高学生的兴趣又可以检验学生对本堂课内容的掌握程度。在此基础上,还可以锻炼学生边唱边打节奏的能力,从而更好地体会到新疆地区的音乐特点,感受民族音乐的魅力。在最后的环节中也可多举一些耳熟能详的少数民族歌曲的例子,有助于学生更多在实际生活中体会到节奏的特点,学会举一反三,从而真正掌握此类节奏型。

通过本节课的学习,让学生在本身熟悉的音乐歌曲基础上,更明确地掌握节奏型的特点,更进一步感受到少数民族音乐的特点以及魅力。新疆是一个多民族地区,虽然各个民族特色都不相同,但是音乐是相通的,通过音乐的桥梁,学生们融为一个大家庭,从而体现各民族的团结。

第三部分

含蓄而热烈的咏叹

——《诗经·邶风·静女》中的"赋"

【文体知识与教学设想】

《静女》选自《诗经》"十五国风"中的《邶风》,是人民教育出版社高中语文必修上册古诗词诵读中的一篇课文。

《诗经》是我国最早的一部诗歌总集,又名《诗》《诗三百》《三百篇》。《诗经》受到儒家的尊崇,自西汉武帝始被称为《诗经》,意为诗歌的经典。分为《风》《雅》《颂》三部分,其中最有价值的部分是"风"。"风"又叫"国风",是当时各诸侯国的民歌。因此有时又用"风"代指《诗经》,"邶风"就是"邶国的民歌"。

《诗经》以四言为主,章法上往往具有重章叠句、反复咏唱的特点,上下段使用相同的结构形式反复咏唱,以达到深化意境、渲染气氛、强化感情、突出主题的效果,不仅增强了诗歌的节奏感和音乐感,形成了一种回环反复的美,带给人一种委婉而深长的韵味。《诗经》在表现手法上主要运用赋、比、兴手法。"赋",陈述铺叙的意思。"比",就是比喻,对人或事物加以形象的比喻,使其特征更加鲜明突出。"兴",借助其他事物作为诗歌的发端,以引起所要歌唱的内容。《诗经》的"赋""比""兴"和"风""雅""颂"合称"六义"。

《诗经·邶风·静女》在结构上比较特殊,介于整齐的重章叠句体与互无重复的分章体之间。第二章首句"静女其娈"与第一章首句"静女其姝"仅一字不同,次句头两字"贻我"与"俟我"结构也相似,因此两章多少有一种重章叠句的趋向,但由于这两章的后两句语言结构与意义均无相近之处,并且第一章还有五字句,只能说类似重章叠句体。在内容上,《静女》三章有递进关系,这一点和重章叠句的效果是一样的,可以带领学生从辞意递进的角度鉴赏这首诗歌。

【教学目标】

1. 了解关于《诗经》的文学常识,掌握文中重点文言词。
2. 鉴赏赋比兴、重章叠句的艺术特色和顶针、双关的修辞方法。
3. 掌握男女主人公形象特点,培养正确的爱情观。

【教学重点】

鉴赏诗歌中重章叠句的表达效果。

【教学难点】

鉴赏诗歌中重章叠句的表达效果。

【教学过程】

一、课堂导入

(一)了解《诗经》文学常识

请同学介绍关于《诗经》的文学常识。

示例：

《诗经》是我国最早的一部诗歌总集，又名《诗三百》，收集和保存了古代诗歌共305首(另有6篇只存篇名而无诗文的"笙诗"不包括在内)，分为《风》《雅》《颂》三部分，以四言为主，章法上往往具有重章叠句反复咏唱的特点，在表现手法上主要运用赋、比、兴手法。"赋""比""兴"和"风""雅""颂"合称《诗经》"六义"。

(二)从古到今，爱情就是一个说不完的话题，《诗经》中就有许多感人心弦的爱情故事，请同学们列举你印象最深的爱情诗句

示例：

关关雎鸠，在河之洲。窈窕淑女，君子好逑。《诗经·周南·关雎》

执子之手，与子偕老。《诗经·邶风·击鼓》

蒹葭苍苍，白露为霜，所谓伊人，在水一方。《诗经·国风·蒹葭》

今天我们学习《诗经》中一首爱情诗《静女》，通过鉴赏《诗经》常用的手法，来感受古人纯洁而又美好的爱情。

二、整体感知

(一)检查预习，朗读正音，读出节奏

学生范读课文。正音、标注通假

1. 字音

静女其姝(shū)，俟(sì)我于城隅。爱而不见，搔首踟蹰(chí chú)。

静女其娈(luán)，贻(yí)我彤(tóng)管。彤管有炜(wěi)，说怿(yì)女美。

自牧归荑(tí)，洵(xún)美且异。匪女之为美，美人之贻。

2. 通假字

爱(薆 ài 隐藏)见(现 xiàn 现身)说(悦 yuè 喜悦)女(汝 rǔ 你)

归(馈 kuì 赠送)匪(非 fēi 不是)女(汝 rǔ 你)

3. 听录音朗读，注意自己用铅笔画出节奏

(二)研读文本，把握情感

第一章：静女其姝，俟我于城隅。爱而不见，搔首踟蹰。

1. 疏通字词

俟(sì)：等待　　　　爱：通"薆"，隐藏、遮掩

见：通"现"，出现　　踟蹰(chí chú)：亦作"踟躇"心理迟疑，要走不走的样子

2. 这一章主要描写什么？哪些字词交代地点人物？

男女恋人约会的场景"静女其姝，俟我于城隅"

3. "爱而不见，搔首踟蹰"刻画出男女主人公怎样的形象？

爱，通"薆"，扬雄《方言》："薆，谓薆蔽也。"

少女天真活泼、调皮可爱的情态、"我"的憨厚、真诚以及未见恋人的焦灼、忧虑的心情。

第二章：静女其娈，贻我彤管。彤管有炜，说怿女美。

1. 疏通字词

娈(luán)：美好；贻：赠送；说怿(yuè yì)：喜爱，说通"悦"，"喜爱"的意思；

女(rǔ):通"汝",你,指代"彤管"。

2.这一章主要描写什么？

这一章描写男女恋人见面时的情景。

3."彤管"作用如何？这一章表达"我"对少女怎样的感情？

"我"表面上是赞叹管箫之美,实际上是赞叹"静女"之美。这表现了"我"对"静女"的爱恋。

第三章:自牧归荑,洵美且异。匪女之为美,美人之贻。

1.疏通字词

牧:野外放牧的地方。归荑(kuì tí):赠送荑草。归,通"馈",赠送。荑,初生的白芽。

洵:的确、确实　　　匪:通"非",不是

2.这一章继续描写两人见面时的情景。"荑"只是一根野外茅草,为何"我"觉得它"美且异"？

爱屋及乌,凸显单纯的爱恋之情。

课堂小结:全文翻译

文雅的姑娘长得很美丽,约我相会在城楼。但她却躲着不出现,弄得我抓挠头发想走又不走。

文雅的姑娘多么美好,送我一支红管箫。红色的管箫颜色亮丽,我非常喜欢它。

你赠送给我从郊外采来的茅草,它确实美得出奇。不是茅草长得美,而是因为它是美人赠送的礼物。

三、问题探究

(一)这首诗通篇采用了赋的手法,第一章描述了男主人公焦急等待静女的情形,第二、三章描述了两人见面时的情景。有人认为,第二、三章描述的是男主人公在焦急等待之后,终于和静女会面的情形,也有人认为,第二、三章是男主人公在焦急等待中,对往昔的回忆。你赞同哪一种观点？

示例一:

我认为,第二、三章描述的是男主人公在焦急等待之后,终于和静女会面的情形。作者按照时间顺序叙述这次约会活动。静女主动约会男主人公,先于男子来到城隅并躲藏起来,而男子满怀喜悦赴约而来,却见不到静女,于是"搔首踟蹰"。作者通过细节描写刻画了一个活泼调皮的静女形象,以及处于热恋中的憨厚的男子形象。第二章承接第一章的内容,描述男子在焦急的等待之后,终于见到静女。作者采用了"比"的手法,用男子的口吻,赞美"彤管"和"荑",实则赞美女子的美丽和对自己的真情实意,含蓄地表达了对静女真挚的爱情。

示例二:

我认为,第二、三章是男主人公在等待静女时的回忆。作者采用了倒叙的手法,通过细节"搔首踟蹰",描写男子对静女的焦急的等待,在等待中,男子回忆起往昔静女赠给自己"彤管"和"荑"的情形。男子接受彤管,想到的是恋人红润的面容,那种"说(悦)怿"只是对外在美的欣赏;而接受荑草,感受到普通的小草也"洵美且异",因为荑草是静女跋涉远处郊野亲手采来的,物微而意深。从辞意上,第三章是对第二章诗义的递进,也与第一章"搔首踟蹰"细节描写相呼应,表现了男子的直率淳朴。

(二)请同学们总结男女主人公的性格特点。

示例:

静女:文静、美丽、活泼、聪慧、真挚。

男子:直率、憨厚、真诚

四、课堂总结

《静女》通篇采用了赋的手法,描写了热恋中的男女青年约会时极富生活情趣的情景。通过只言片语,细腻、传神地描绘了人物的感情变化,刻画了一个天真活泼、聪明可爱的少女和一个憨厚、痴情的少年的形象。由静女而彤管,由荑而静女之情,把人物情感融合在一起,表现男青年热烈而纯朴的恋情。

五、板书设计

静　女

赋 { 第一章　恋人约会　细节描写 } 重章叠句
第二章　恋人赠物　比
第三章　赠茅赞人　比

六、作业

将《静女》与《菩萨蛮·城隅静女谁人见》进行对比鉴赏,分析其情感表达的异同。

菩萨蛮·城隅静女谁人见

宋·苏轼

城隅静女谁人见。先生日夜歌彤管。谁识蔡姬贤。江南顾彦先。

先生那久困。汤沐须名郡。惟有谢夫人。从来见拟伦。

内蒙古兴安盟扎赉特旗音德尔第一中学语文组　齐丹丹

慷慨悲歌　心忧天下

——《短歌行》中的"情"与"志"

【文体知识与教学设想】

《短歌行》是人民教育出版社高中语文必修上册第三单元中的一篇课文。

四言诗指通首都是或基本是四字句写成的诗歌,每句诗四个字,节奏简单明快,由于每句词汇有限,没有过度雕琢的余地,使得四言诗具有简练朴拙的特点。四言诗节奏过于短促,缺少内部变化,不适于表现日益复杂的生活和情感,从总体上说,自《诗经》以后,四言诗便没有太大发展。《短歌行》属于乐府旧题,乐府诗有"长歌""短歌"之分,是根据歌唱时音节长短的不同而区别的,与诗歌内容无关。长歌慷慨激烈、热烈奔放,而短歌的节奏短促、微吟低唱,适于抒发内心的忧愁和苦闷。陆机、曹操、曹丕、李白、白居易等大诗人都写过《短歌行》,题材涵盖了从个人情感到政治抱负的广泛主题。体裁则以五言古诗和四言诗为主,没有严格的格律限制,比较灵活地运用对仗和押韵的手法,既可以叙事,也可以抒情。曹操的《短歌行》是一篇祝酒词,开篇抒发了对人生苦短的感叹,接着巧妙地运用多个典故,反复表达对人才的渴慕,最后借用周公的典故表达统一天下的雄心壮志。

【教学目标】

1.知人论世,掌握诗歌中的情感和志向。

2.诵读感知,鉴赏用典的手法及其表达效果。

3.结合诗歌创作时代背景,感受诗人的精神世界,提高自身的思想修养。

【教学重点】

鉴赏用典的手法及其表达效果。

【教学难点】

结合诗歌创作时代背景,感受诗人的精神世界,提高自身的思想修养。

【教学过程】

一、课堂导入

"滚滚长江东逝水,浪花淘尽英雄。是非成败转头空,青山依旧在,几度夕阳红。"在历史的大浪淘沙中,有多少英雄能够经得起历史的千淘万漉而流芳百世呢?曹操应该是三国时代留下了浓重一笔的人物。这节课,让我们一起学习曹操的诗歌《短歌行》,一起去感受这位英雄的壮志豪情。

二、知人论世

课前布置预习,让同学们通过多媒体搜集整理关于曹操的生平经历以及本首诗体裁的相关知识,课堂上请学生分享。

示例:

1.曹操生平:曹操(155—220),字孟德,东汉人。三国时期著名政治家、军事家、文学家。他"外定武功,内兴文学",是建安(汉献帝年号)文学的开创者和组织者,其诗直接继承汉乐府民歌的现实主义传统。他的创作一方面反映了社会的动乱和民生的疾苦,一方面表现了统一天下的理想和壮志,具有"慷慨悲凉"的独特风格。这种风格被称为"建安风骨"或"魏晋风骨"。

2.诗题:《短歌行》属于乐府旧题。乐府诗有"长歌""短歌"之分,是根据歌唱时音节的长短的不同而区别的,与诗歌内容无关。长歌慷慨激烈、热烈奔放,而短歌的节奏短促,微吟低唱,适于抒发内心的忧愁和苦闷。

三、整体感知

1.诵读诗歌

(1)结合乐府诗的朗诵技巧,练习诵读。

"乐府"是一种带有音乐性的诗体,读准字音的基础上,要把那种苍劲雄健、慷慨悲凉的感情表现出来。节奏多二二式,语速要慢点。学生试着练习朗读。

(2)配乐朗读。请几名学生以"曹操"身份大声诵读,学生评价、教师评价指导。

(3)通过多媒体出示易错字音。

(4)全班齐读。

2.通晓诗意,注意重点词的解释。

3.体味情感。

(1)请同学们找出诗歌中能够直接表现作者情感的词句。

学生回答,教师明确:"忧"。

(2)体味情感

"忧"字一共出现几次? 诗人"忧"的内涵一样吗?

学生分组讨论、表达,教师点拨、明确。

"忧"字出现了三次,前两次表达对人生短暂、时光易逝的感叹;第三次表达贤才难得、功业未就及渴望天下统一的心情。

(3)概括本诗的感情基调。

慷慨悲凉。

四、问题探究

诗人如何抒发慷慨之情?

小组讨论,结合诗句进行回答。

示例:

1."山不厌高,海不厌深。周公吐哺,天下归心。"

《管子·形势解》:海不辞水,故能成其大;山不辞土石,故能成其高;明主不厌人,故能成其众;士不厌学,故能成其圣。曹操引用诗句,即希望尽可能多地接纳人才,表达对人才的渴求。曹操借用这个典故,以周公自比,自己会像周公一样热切殷勤接纳人才,使天下人才都心悦诚服地归顺。

2."青青子衿,悠悠我心。但为君故,沉吟至今。呦呦鹿鸣,食野之苹。我有嘉宾,鼓瑟吹笙。明明如月,何时可掇? 忧从中来,不可断绝。越陌度阡,枉用相存。契阔谈䜩,心念旧恩。月明星稀,乌鹊南飞。绕树三匝,何枝可依?"

（1）"青青子衿，悠悠我心。但为君故，沉吟至今。"

《诗经·郑风·子衿》：

青青子衿，悠悠我心。纵我不往，子宁不嗣音？青青子佩，悠悠我思。

纵我不往，子宁不来？挑兮达兮，在城阙兮。一日不见，如三月兮。

《子衿》原文是写一位姑娘在思念她的爱人，曹操引用此诗句，将自己类比为思念爱人的姑娘，巧妙地形容自己对贤才的思念与渴望。

（2）"呦呦鹿鸣，食野之苹。我有嘉宾，鼓瑟吹笙。"

《诗经·小雅·鹿鸣》：

呦呦鹿鸣，食野之苹。我有嘉宾，鼓瑟吹笙。……我有嘉宾，德音孔昭。视民不恌，君子是则是效。……

《鹿鸣》中的宴会，它不是为满足口腹之需，而是为了燕乐嘉宾之心，使得群臣心悦诚服，为君王的统治服务。曹操引用相关诗句，并以鹿鸣起兴，体现了殿堂嘉宾的琴瑟歌咏以及宾主之间的互敬互融之情状，表达自己对贤才的渴慕。

（3）"明明如月，何时可掇？忧从中来，不可断绝。越陌度阡，枉用相存。契阔谈讌，心念旧恩。"

比兴手法，写出诗人在求贤过程中的忧喜，及对贤才的礼待。

（4）"月明星稀，乌鹊南飞。绕树三匝，何枝可依？"

暗喻人才南流，写出人才无所依归，寻找良主，在比兴和疑问中表达诗人的惋惜与焦急。

课堂小结：诗人借典故表达了自己想要统一中原，求贤若渴的慷慨雄壮之情。

五、拓展延伸

（一）分析曹操渴望招纳贤才以建功立业的原因

请同学们根据《蒿里行》这首诗，谈谈作者生活时代的社会状况，引导学生理解作者渴望招纳贤才以建功立业的原因，进而感悟作者的忧患意识。

蒿里行

三国·曹操

关东有义士，兴兵讨群凶。初期会盟津，乃心在咸阳。军合力不齐，踌躇而雁行。

势利使人争，嗣还自相戕。淮南弟称号，刻玺于北方。铠甲生虮虱，万姓以死亡。

白骨露于野，千里无鸡鸣。生民百遗一，念之断人肠。

示例：

这首诗记述了汉末军阀混战的现实，真实、深刻地揭示了人民的苦难，对当时的社会现实进行了批判，不仅对因战乱而陷于水深火热之中的苦难人民表示了极大的同情，而且对造成人民疾苦的首恶元凶给予了无情的揭露和鞭挞。

曹操的诗歌蕴含着强烈的忧患意识。忧患意识是指一个人的内心关注超越自身的利害、荣辱、成败,而将世界、社会、国家、人民的前途命运萦系于心,对社会、国家、人民可能遭遇到的困境和危难抱有警惕并由此激发奋斗图强,战胜困境的决心和勇气。纵观中国历史,战乱频仍,即使在所谓的盛世,由于古代生产力的低下,加上天灾,老百姓常常生活在水深火热之中。也正因如此,古代有良知的知识分子往往具有忧国忧民的情怀,忧患意识成为中华民族优秀传统文化的精神之一。

（二）结合创作背景和诗歌表达的思想内容,总结曹操的人物形象

示例：

曹操一位性格豪迈、积极乐观、求贤若渴,有忧患意识和远大理想抱负的诗人和政治家。

六、课堂总结

本诗运用了用典、比喻、起兴等手法,表达了曹操人生苦短、贤才难求、功业未就的感叹。但我们要明白,无论是就人生短暂,还是贤才难求,实际上都是因功业未就而忧,而且这种忧是与诗人心中的志向相并存的,他希望能够一统天下。是这种壮志让我们看到曹操真豪杰、大英雄的本色。

七、板书设计

短歌行

$$忧(情)\begin{cases}人生短暂、时光易逝\\贤才难得、功业未就\end{cases}统一天下(志)$$

八、作业

惟其艰难,方显勇毅;惟其笃行,弥足珍贵;惟其磨砺,始得玉成。历史长河中,很多有志之士担当中国之脊梁,你有什么想法？你有什么启发？我们应该怎么做？为自己写座右铭。

生活 _____

学习 _____

理想 _____

责任 _____

使命 _____

内蒙古兴安盟扎赉特旗音德尔第一中学语文组　苏　瑞

品鉴盛世华章　探寻生命诗意

——《望海潮(东南形胜)》中的杭州记忆

【文体知识与教学设想】

《望海潮(东南形胜)》是人民教育出版社高中语文选择性必修下册第一单元中的一篇课文。本首词一般被认为是柳永写给时任杭州知府孙何的干谒诗。

干谒诗是古代文人为推销自己而写的一种诗歌,类似于现代的自荐信。一些文人为了求得晋升的机会,往往十分含蓄地写一些干谒诗,向达官贵人呈献诗文,展示自己的才华与抱负,以求引荐。作为干谒诗,最重要的是要写得得体,称颂对方要有分寸,不失身份,措辞要不卑不亢,不露寒乞相,才是第一等文字。孟浩然的《望洞庭湖赠张丞相》是干谒诗的代表作,"八月湖水平,涵虚混太清",首联描写浩瀚的洞庭湖水,景象阔达。"气蒸云梦泽,波撼岳阳城",颔联承接上联,继续描写湖水的广阔。"欲济无舟楫,端居耻圣明",颈联采用了双关的写法,从眼前景物触发,表面写诗人面对浩浩的湖水,没有"舟楫"渡过,实写自己还是在野之身,要找出路却没有人接引。这两句向张丞相表白心事,说明自己目前虽然是个隐士,可是并非本愿,出仕求官还是心焉向往的,不过还找不到门路而已,言外之意希望对方予以引荐。"坐观垂钓者,空有羡鱼情","垂钓者"指本诗的投赠对象张丞相,诗人巧妙地运用了"临渊羡鱼,不如退而结网"的古语,进一步表达了自己希望对方引荐自己,从而帮助自己实现干一番事业的愿望。

这类诗词不仅体现了作者的文学才华,也展示了干谒诗作为一种文学形式在古代社会中的重要作用。除了写干谒诗,古人还常常撰文以自荐,既可以阐明道理、抒发情怀、展露宏图大愿,又可以展示文采、不落俗套。韩愈把这种方式发挥到了极致,《古文观止》就选录了他的5篇自荐书,李白、杜甫、苏辙等大文豪也都写过干谒诗文。

基于上述文体知识的分析,本节课设置"制作杭州文旅宣传片"这一大情境,引导学生赏析作者写景状物的手法及其表达效果,在此基础上品味干谒诗委婉含蓄的艺术特色。

【教学目标】

1.掌握关于柳永的文学常识。

2.品味语言,把握意象特点。

3.体会意境,赏析写景手法。

【教学重点】

品味语言,把握意象特点。

【教学难点】

体会意境,赏析写景手法。

【教学过程】

一、课堂导入

如果你是杭州电视台的视频编辑,在杭州亚运会期间参与"讲好中国故事"的宣传片制作,要向全世界介绍杭州这座城市,让更多的人爱上杭州,了解中国。主编要求用镜头透视杭州的历史纵深,呈现杭州丰富的文化底蕴,有人建议从自古以来文人墨客对这座城市的描摹中汲取灵感,你瞬间想到了能让金主完颜亮"遂起投鞭渡江之志"的柳永的《望海潮》,你想以此为蓝本,制作杭州文旅宣传片。你会如何呈现呢? 本节课,我们以学习小组为单位,完成此次宣传片的制作。

二、整体感知

(一)知人论世

预习作业回顾:

柳永本为崇安(今属福建)人,他为何呈现这样的杭州画卷呢? 请以学习小组为单位,完成作者简介,并探究本词的创作目的。

学生自主查询资料,完成此任务,并在课堂展示交流。

示例:

1. 柳永(984—1053),北宋词人,原名三变,字耆卿,排行第七,官屯田员外郎,世称"柳三变""柳七""柳屯田"。柳永是北宋第一个专力写词的作家,且是长调(慢词)的倡导者,其词多描绘城市风光,长于抒写羁旅行役之情。

柳永多次参加科举落榜,景祐元年(1034),宋仁宗亲政,特开恩科,对历届科场沉沦之士的录取放宽尺度,柳永闻讯,即赴京师。是年春闱,柳永与其兄柳三接同登进士榜,授睦州团练推官,终于暮年及第。柳永多次表达对科举的牢骚和不满,在生活上也常常表现出放荡不羁,但是他对中举出仕一直抱有期望。

2. 作者柳永并不是杭州人,为什么要把杭州写得如此令人心生向往呢?

示例:

这些"好景"从侧面反映了当地官员治理好,明显在体现孙何的政绩。"异日图将好景,归去凤池夸"的真正意蕴,是借祝福孙何将来加官晋爵至朝廷中央向同僚夸耀他治理下的杭州盛景来夸赞孙何的治理之功。柳永为了结交孙何,从生活和风景两方面淋漓尽致地描绘了杭州的繁华与美丽,充分表达了作者对杭州风物的惊叹、赞美之情,夸赞孙何的治理之功,所以这首词的题材是一首干谒诗。

(二)诵读感知

请同学们诵读本首词。

诵读指导:

1. 感情饱满,语气舒缓,节奏平稳。

2. 读钱塘江潮壮观的词句时,要读出气势。

3. 读西湖清幽美景的词句时,语速缓慢,节奏平和。

三、问题探究

如果制作文旅宣传片,你会从哪几个画面进行制作,你会抓住哪些景物进行特写镜头展示,你会选择哪些色彩进行着重描绘景物? 请同学们以小组为单位,设计表格填写内容并在班级进行展示交流。

参考示例：

画面名称	对应词句	画面景物	画面特点	画面色彩	描绘手法
优越地形图	东南形胜，三吴都会，钱塘自古繁华	鸟瞰杭州大画面	地理位置优越，历史悠久	颜色以黑灰为主，凸显历史的厚重感	总写
典雅人家图	烟柳画桥，风帘翠幕，参差十万人家	细密的柳树、精致的桥梁、远近高低的楼阁、柔风吹拂的帘子	太平盛世、宁静安详	颜色清新，凸显百姓生活的祥和	详写、铺叙、夸张
壮美江潮图	云树绕堤沙，怒涛卷霜雪，天堑无涯	钱塘江岸、江潮	雄浑壮美	树木的浓绿、江涛的白色	详写、铺叙、比喻
物阜民丰图	市列珠玑，户盈罗绮，竞豪奢	市场的珍宝、家家披罗着锦	富庶繁华	浓淡相宜	详写、铺叙、夸张
西湖桂荷图	重湖叠𪩘清嘉，有三秋桂子，十里荷花	重叠的山峰、桂子、荷花	秀丽空灵	花红叶绿、清新淡雅	虚实结合
钓叟莲娃图	羌管弄晴，菱歌泛夜，嬉嬉钓叟莲娃	悠扬的乐曲、垂钓的老翁、采菱的女子	祥和安宁	清新淡雅	详写、铺叙、互文

官员巡游图	千骑拥高牙,乘醉听箫鼓,吟赏烟霞	儒雅的官员、众多的随从、音乐、山水	威严气派	高贵绚丽	详写、铺叙、借代

四、课堂总结

《望海潮》采用铺叙的写法,以点带面,虚实相间,渲染烘托。上阕开头总览杭州的优越位置和悠久历史,接着描绘此地风景的优美、市井的繁华,下阕接着写杭州胜景,接着写人民生活的平和安乐,地方官员饮酒赏乐,笑傲于山水之间。本首词既描绘了杭州的盛世繁华,又含蓄地赞美了地方官员的政绩,从而达到了干谒的目的。

五、作业

《望洞庭湖赠张丞相》是孟浩然投赠给张九龄的干谒诗。阅读诗歌,试比较本首诗和柳永的《望海潮(东南形胜)》,从干谒诗题材的角度,谈谈两篇作品在写法和表达效果上的异同。

望洞庭湖赠张丞相

唐·孟浩然

八月湖水平,涵虚混太清。
气蒸云梦泽,波撼岳阳城。
欲济无舟楫,端居耻圣明。
坐观垂钓者,空有羡鱼情。

内蒙古兴安盟扎赉特旗音德尔第一中学语文组　马光美

起承转合　诗意人生

——《念奴娇·赤壁怀古》中的章法

【文体知识与教学设想】

《念奴娇·赤壁怀古》是人民教育出版社高中语文必修上册第三单元中的一篇课文。

所谓章法，就是谋篇布局，写诗和写文章一样，都要有章法。律诗和绝句的章法就是通常所说的"起、承、转、合"。"起"是诗篇的开头，指的是首句或首联，一般要求落笔扣题，开门见山；或就题起，或以事起，或以景起，或以比起；或以兴起，等等。"承"是承接上文，一般是指第二句或颔联，承上启下，要求紧扣首联，连贯自然，是"起"的内容延伸和发展。"转"是诗意转折，一般指第三句或颈联，要求有转折感，有变化，照顾前后，其基础是跟"承"有情绪逻辑或事实逻辑方面的关系，把诗境、诗意向前推进一步。"合"是全诗的结尾，或者叫"结"，是指末句或尾联，要体现结尾性，要求意味深长、精炼含蓄，统收全篇；作为章法构成的结束，要与上文相呼应，才能使全诗在章法上融为一体。"起、承、转、合"是格律诗的一种最常见的结构，但并不是唯一的结构。

"起、承、转、合"是绝句律诗的一般写作章法，对于填词也是适用的。词的基本章法是"开头""过片"与"结尾"，它是从诗的基本章法发展变化而来的。其中的开头，就相当于起，上片紧接开头相当于承，过片相当于转，结尾相当于合。由于词的构成相对于诗较为复杂，有单片、双片（双调）甚至更多，其长短句也较多、较灵活，具体在哪个位置选择"承""转""合"，其章法也因人因词而异。

宋词中较为常见而又有特色的开头主要有以下几种：

1. 造势

开门见山，直抒胸臆，起句就说出词的主旨或者主要内容。例如，柳永的《望海潮（东南形胜）》开头三句"东南形胜，三吴都会，钱塘自古繁华"，简要勾勒全词描写对象的轮廓，接下来全词围绕"形胜"展开铺叙，层层渲染。

2. 造境

由写景入手，先创造出切合主题的环境，然后由景生情，依景叙事，带出词的主题部分。例如苏轼的《念奴娇·赤壁怀古》开头三句"大江东去，浪淘尽，千古风流人物"，起笔就描绘了壮阔的景象，然后写英雄不再的世事无常与江山永固的恒久进行对比，进而写对周瑜的凭吊。

3. 造思

先设一问，点出题意，或者制造悬念，引出下面内容。例如苏轼的《水调歌头·明月几时有》开头两句"明月几时有？把酒问青天"，作者采用比兴手法，相思之意在设问中自然流露。

"过片"是词特有的章法，除了小令外，词都是分片的，大多分为上下两片，这两片是表现同一内容的两个层次,有密切的内在联系,下片的开头部分被称为"过片"。在章法上,"承上启下"是"过片"的主要作用。

1.笔断意不断,上下紧相连

辛弃疾《菩萨蛮·书江西造口壁》上片最后一句"可怜无数山",以"山"作结,下片"青山遮不住"又以山写起,上下片衔接紧凑分明。

2.上下连贯,文意并列

上下片文意并列,或者一正一反,或者一今一昔,以"过片"连接,使上下片联通一气。欧阳修的《生查子·元夕》,上片写去年元夕情事,下片写今年元夕相思之苦,"过片"句"人约黄昏后"既写出了去年情意之深,也揭示了今年相思之苦的缘由。

3.有问有答,问答相连

《沁园春·长沙》上片结句"怅寥廓,问苍茫大地,谁主沉浮?"作者在下片对峥嵘岁月的回忆是对"谁主沉浮"的回答。

有的词没有明显的"过片",上片总结,下片分写,两片既是一个整体,又有明显的区别。

除了开头和过片,词人还非常注重词的结尾,或者点明主题,振聋发聩;或者以景结情,余韵无穷,等等。

《念奴娇·赤壁怀古》是一首怀古题材的词作,基于上述对文体知识的分析,本节课结合词的章法,引导学生从鉴赏怀古诗的一般写法入手,品味这首词写景、咏史、抒情相结合的表达效果。

【教学目标】

1.在诵读的基础上,品味语言之美。

2.从章法的角度感知诗歌主要内容和情感。

3.体会怀古诗写景、咏史、抒情相结合的写法。

【教学重点】

通过赏析对比手法感悟旷达洒脱的情怀。

【教学难点】

从章法的角度感知诗歌主要内容和情感。

【教学过程】

一、课堂导入

东坡在玉堂日,有幕士善歌,因问:"我词何如柳七?"对曰:"柳郎中词只合十七八女郎,执红牙板,歌'杨柳岸,晓风残月';学士词,须关西大汉,铜琵琶,铁绰板,唱'大江东去'。"东坡为之绝倒。

——《吹剑录》

文段中柳郎是谁? 学士又是谁? 为什么柳郎词由十七八女郎歌,而学士词由关西大汉歌?

示例:

柳郎指柳永,学士指苏轼,柳永是婉约派代表,苏轼是豪放派代表。

这节课我们一起赏析豪放派诗人苏轼所创作的这首怀古词《念奴娇·赤壁怀古》。

二、整体感知

复习关于词的相关知识。"念奴娇"是词牌名,念奴为唐天宝年间的著名歌伎,因其音调高亢,遂取为调名。上、下阕100字,有平韵、仄韵两体。"赤壁怀古"是题目,通过题目我们可以确定这首词的题材是怀古词。怀古词的写作思路为由"眼前景"想到"古时人、古代事"从而抒发"当下情",根据题目我们还可以确定的是,本首词作者所见之景是赤壁。本词写于宋神宗元丰五年(1082)七月,结合苏轼生平经历我们可以确定此"赤鼻"非彼"赤壁",是苏轼游览黄冈城外赤鼻矶后所作。当时苏轼因诗文讽刺新法,被诬陷论罪,贬斥至黄州任团练副使。苏轼此时深感年岁渐老,事业功名未有所成,郁结于心。观景时顿生种种联想,眼前浮现出赤壁古战场鏖战的场景和周瑜"雄姿英发"的形象,遂作词赞颂其功业,并借以抒发有志报国却壮怀难酬的感慨。

三、问题探究

"起、承、转、合"是绝句律诗的一般写作章法,对于填词也是适用的。词的基本章法是"开头""过片"与"结尾",它是从诗的基本章法发展变化而来的。其中的开头,就相当于起,上片紧接开头相当于承,过片相当于转,结尾相当于合。

请从词的章法的角度分析作者在词中写作的内容和表达的情感。

(一)开头

请同学分析开头三句"大江东去,浪淘尽,千古风流人物"的内容和效果。

示例:

开头从滚滚东流的长江水入笔,用"浪淘尽"把永远奔流的江水与已经消逝了的"千古风流人物"联系起来,为全词设置一个极为广阔的空间和甚为悠远的时间背景,让读者体会出词人独立于江岸披襟临风,对景抒情的壮怀。

(二)承接

请同学们齐读"故垒西边,人道是,三国周郎赤壁。乱石穿空,惊涛拍岸,卷起千堆雪"。

并思考:词中的景物描写历来为人称赞,你最喜欢哪句?请你找出来与大家分享,并说说你喜欢它的原因。

示例:

"故垒"两句,从泛写怀古转入具体内容,初点题旨。"人道是"把赤壁具体所在的问题,轻轻宕开。长江一带,以"赤壁"命名的地方有好几处,周瑜打败曹操的赤壁何在,众说纷纭,现在一般认为,在今湖北武汉的赤矶山。但是,作者只是借景抒情,并不打算深究。"乱石穿空"三句,是现场写景,选取细部显示赤壁一带江景特点。写山石用"穿",写浪涛用"惊""拍",用"雪"比喻波涛,"千堆"是数量上的夸张。几种物象作用于视觉、听觉,引发想象,呈现出一个有声有色富有动感的画面。

(三)过片

请同学分析"江山如画,一时多少豪杰"这两句诗歌的作用。

示例：

"江山如画"两句，承上启下，总结上片，带起下片。前一句是对前面勾出的大自然雄奇画卷发出的由衷赞叹，后一句是从江山引出来的，如此江山，必然会产生许多与之相称的豪杰。

（四）转接

诵读下片。

江山秀美，人才辈出。面对如此的江山，苏轼不由地感慨，由眼前之景，想到了英雄豪杰。作者为什么提到赤壁就会想到周瑜？

学生以小组为单位进行讨论，明确苏轼笔下周瑜的形象，并且集小组之力量，完成学习任务单上的表格。小组派代表汇报。教师点拨、总结。

人物	周瑜	苏轼
年龄		
职业		
事业		
外貌		
人生		

示例：

描写和赞美周瑜及其功业，并引出自己壮志难酬的感慨与思想解脱。"遥想公瑾当年"六句，描写周瑜风流儒雅从容破敌的英姿。穿插"小乔初嫁了"，一是衬出周瑜少年英俊，志得意满；二是隐写了这场战争的关系之大。杜牧诗云"东风不与周郎便，铜雀春深锁二乔。"如果战败，东吴就国破家亡。"羽扇纶巾"是儒将装扮，用形写出人物的神。"樯橹灰飞烟灭"，表现出曹军惨败的情景。"故国神游"到结束，抒写词人的感受和人生理念。"多情应笑我"是倒装，意为应笑我多情，即多愁善感，无怪乎"早生华发"。转而一想，"人间如梦"，不如暂且酹酒临江，来个自我宽慰。

人物	周瑜	苏轼
年龄	34 岁	47 岁
职业	东吴都督	黄州团练副使
事业	功成名就	功业未成
外貌	英俊儒雅	早生华发
人生	幸福美满	连遭不幸

（五）结尾

学生分组讨论，如何理解"人生如梦，一尊还酹江月"的感慨？

示例：

赤壁的雄奇景色和周瑜的丰功伟绩，既激起了词人的豪迈奋发之情，也加深了他的思想矛盾，使他产生了"人间如梦"的感慨。然而，词人转念一想：在千古风流人物都被淘尽的大江之畔，自己的一生又算得了什么？倒不如"一尊还酹江月"罢。词人的感伤是由于建功立业的急切热望不能实现而萌发的，因而他能迅速从惆怅失意中解脱出来，体现了词人特有的旷达洒脱的情怀。

四、课堂总结

通过《念奴娇·赤壁怀古》的学习，我们知道怀古诗词的特点：见古景，思古人，咏己情。我们还知道心有东坡词，人生无难题。人生再多风雨，经过东坡过滤，都会变成一片晴空。当我们遇到人生的不顺与失意时，我们不妨也像他一样，活得明亮、豁达，不为外在的得失而困惑，但求内心的宁静与坦然。

五、板书设计

念奴娇·赤壁怀古

苏轼

| 景 | 事、人 | | 情 |

| 赤鼻矶 | 赤壁之战 | 周瑜 | 借古讽今 |

六、作业

1.阅读杜牧的绝句《赤壁》，分析这首诗的结构，理解诗歌主旨。

赤壁

唐·杜牧

折戟沉沙铁未销，自将磨洗认前朝。
东风不与周郎便，铜雀春深锁二乔。

2.有人说，如果苏轼在他的一生中没有被贬，没有遭遇那么多的挫折，那么也就不会有现在的《赤壁赋》《念奴娇·赤壁怀古》。试以"挫折与人生"为话题，写一段200字左右的语段。

内蒙古兴安盟扎赉特旗音德尔第一中学语文组　张琪

一举一动皆有意　一颦一蹙总关情

——《江城子·乙卯正月二十日夜记梦》中的细节描写

【文体知识与教学设想】

《江城子·乙卯正月二十日夜记梦》是人民教育出版社高中语文选择性必修上册古诗词诵读中的一篇课文。这首词是一首记梦诗、悼亡诗,也是一首婉约词。

明朝人张綖在《诗馀图谱》中明确提出了词分婉约、豪放两派以及词以婉约为正宗的说法:"词体大略有二:一体婉约,一体豪放。婉约者欲其辞情蕴藉,豪放者欲其气象恢宏。盖亦存乎其人,如秦少游(秦观)之作多是婉约,苏子瞻(苏轼)之作多是豪放。大抵词体以婉约为正。""婉约"中的"婉"为柔美、婉曲,"约"的本意是为缠束,引申为精炼、隐约、微妙。婉约词的特点主要有:内容侧重儿女风情,结构深细缜密,音律婉转和谐,语言圆润清丽,有一种柔婉之美。婉约派的代表人物有柳永、晏殊、秦观、李清照、李煜等。

言情是婉约词的传统题材,也是婉约词的主要特点,文人们把肺腑中的真情、悲愁与欢愉,通过抒情的婉约词,曲折细腻地透露出来。细节描写是各类文学作品中实现形象性和情感性的重要手段,正因为如此,细节描写受到婉约词派作家的青睐。词人们或者通过场景描写展示生活细节,如李清照《醉花阴·薄雾浓云愁永昼》中的"佳节又重阳,玉枕纱厨,半夜凉初透",一个"凉"写出了作者半夜未眠,饱尝透入肌肤的秋寒,表达了作者思念丈夫的孤寂心情。或者通过刻画人物举止,描摹人物心理,如李清照《点绛唇·蹴罢秋千》中的"和羞走"这一动作描写,将少女的内心感情刻画得淋漓尽致,"倚门回首,却把青梅嗅",两句传神地描绘了少女怕见又想见、想见又不敢见的微妙心理,一个纯情少女的形象跃然纸上。苏轼虽是豪放派的代表词人,但是他的词作还是有婉约风格的,《江城子·乙卯正月二十日夜记梦》就是一首婉约词,作者通过虚实结合和细节描写,含蓄深刻地表达了对亡妻的思念之情。

基于上述对文体知识的分析,本节课注重引导学生赏析诗歌中的细节描写,品味细节描写的效果,感悟作者对亡妻刻骨的思念之情。

【教学目标】

1. 引导学生赏析诗歌中的细节描写,品味细节描写的效果。

2. 引导学生感悟作者对亡妻刻骨的思念之情。

【教学重点】

引导学生感悟作者对亡妻刻骨的思念之情。

【教学难点】

引导学生赏析诗歌中的细节描写,品味细节描写的效果。

【教学过程】

一、课堂导入

《江城子·乙卯正月二十日夜记梦》是一首悼亡词,苏轼开创了用词写悼亡的先河。上节课我们吟诵这首词,同学们被扑面而来的画面感所打动,感受到了诗人对亡妻刻骨的思念。仔细品味一下,就会发现,那些打动我们的是一些稀松平常却至真至纯的细节。这节课我们就来赏析一下《江城子·乙卯正月二十日夜记梦》的细节描写。

二、整体感知

(一)请同学们回顾学习过的诗文,结合具体事例,谈谈对细节描写的理解

示例:

细节,是指人物、景物、事件等表现对象的富有特色的细小环节。细节描写是指抓住生活中的细微而又具体的典型情节,加以生动细致的描绘,它具体渗透在对人物、景物或场面描写之中。

(二)请同学们齐读本首词,指出这首词的风格特点并谈谈理由

示例:

《江城子·乙卯正月二十日夜记梦》是一首婉约词。

三、问题探究

(一)再次诵读诗歌,找出其中的细节描写,并分析其表达效果

示例:

1.十年生死两茫茫。不思量,自难忘。

"两茫茫"的"两"字说明饱受思念之苦的不只有诗人,还有已故多年的亡妻。把无意识的亡妻当作有意识的存在来写,体现了诗人深深的思念。世间最大的痛苦莫过于生死离别,阴阳两隔。人会经历两次死亡,一次是身体上的死亡,一次是被遗忘。诗人对妻子浓烈的思念,使得亡妻仿佛还活着。

"不思量,自难忘"。看似矛盾,实则更符合思念的逻辑。不经历生离死别的人或许无法懂,有些思念深入骨髓,不需要刻意触碰,不需要轻易提起,但一直都在,一旦倾泻,便是汹涌澎湃。

2.千里孤坟,无处话凄凉。

爱妻亡故多年,孤坟远在千里之外,诗人的思念无处寄托,多年的坎坷无处倾诉。诗人与亡妻不只有生死之隔,还有空间上的隔。如果坟茔不是在千里之外,我或许还可以到你的坟前坐一坐,倾诉一下思念。但地域上相隔,就连这点也做不到。

教师补充:诗人的妻子王弗死后,迁葬于四川眉山(苏轼的家乡),而此时苏轼则在密州任所,不止千里之隔。

3.纵使相逢应不识,尘满面,鬓如霜。

诗人用细节描写出了一个饱经风霜的老者形象。纵使再重逢,你也会认不出我了吧,我满面灰尘,鬓角如霜。一个细节道尽多年心酸。没有你的这些年我过得很不好,此时的诗人就像一个委屈的孩子,在最爱的妻子面前,可以卸下所有的防备,脱掉坚强的伪装。虽然还未见面,但呈现在我们面前的确是,妻子看到诗人时的满眼心疼。而此时的诗人也才四十多岁,却如此苍老,让我们来了解一下没有妻子的这些年,诗人都经历了什么。

教师补充:这十年,正是围绕王安石变法,革新派与守旧派的斗争愈演愈烈的时候。熙宁四年(1071),苏轼因反对王安石变法,在朝中受到排挤打压,因而请求出任地方官,先是通判杭州,三年后又移知密州。

"纵使相逢应不识"是时间之隔,王弗是苏轼的白月光吧,苏轼人生最春风得意的那几年是王弗陪他度过的。这么多年过去了,诗人再不是那个意气风发的少年郎了。这个细节,诗人把对亡妻的思念和身世跌宕合在了一起。

4.夜来幽梦忽还乡,小轩窗,正梳妆。相顾无言,惟有泪千行。

一场幽梦,诗人回到了故乡。"幽"字表明诗人刚入梦境时也许有些许的迷茫,直到他看到了小轩窗里正梳妆的妻子,才明了自己的心境。诗人选取了夫妻之间最熟悉的场景,然窗里是容貌依旧的妻子,窗外是饱经沧桑的诗人,一扇窗隔着十年。跨越时间,诗人见到的是定格在十年前的妻子,此处相逢是穿越时空的遇见。是思念在引领着诗人。

相见的场面也不曾如我们想象的那般相拥而泣,而是"相顾无言",纵泪肆意流淌。这是前面所铺垫的情感的一种宣泄。诗人的委屈、思念在一时间汹涌而出,而妻子给予回应的同样是这么多年的怜惜与理解。

王弗是名副其实的贤内助,她之于苏轼是精神意义上的陪伴。教师展示补充资料:

君讳弗,眉之青神人,乡贡进士方之女。生十有六年而归于轼,有子迈。君之未嫁,事父母;既嫁,事吾先君先夫人,皆以谨肃闻。其始,未尝自言其知书也。见轼读书,则终日不去,亦不知其能通也。其后,轼有所忘,君辄能记之。问其他书,则皆略知之,由是始知其敏而静也。

从轼官于凤翔。轼有所为于外,君未尝不问知其详。曰:"子去亲远,不可以不慎。"日以先君之所以戒轼者相语也。轼与客言于外,君立屏间听之,退必反覆其言,曰:"某人也,言辄持两端,惟子意之所向,子何用与是人言。"有来求与轼亲厚甚者,君曰:"恐不能久,其与人锐,其去人必速。"已而果然。

——苏轼《亡妻王氏墓志铭》

5.料得年年肠断处,明月夜,短松冈。

这一句,很多人都理解为"诗人推想妻子的亡灵在年年的明月之夜,在遍植松树的坟地上,该是何等伤心断肠!"实则不然,从本诗一开始,二人的思念都是双向奔赴的,伤心的不只是亡妻,还有自己。这一梦或许刚好为诗人解答了多年的疑惑,生活中不经意的伤心,无法解释的难过,或许都来自此处——明月夜,短松冈。这些年,我有时总是莫名的难过,原来是我想你了呀!

(二)总结诗歌中细节描写的作用

示例:

1.使人物形象塑造更饱满。

2.使场景描写更生动。

3.使情感表达更真挚。

四、拓展延伸

阅读《采莲子》《约客》这两首诗歌,找出诗中的细节描写并分析其表达效果。

采莲子

唐·皇甫松

船动湖光滟滟秋,贪看年少信船流。
无端隔水抛莲子,遥被人知半日羞。

约客

南宋·赵师秀

黄梅时节家家雨,青草池塘处处蛙。
有约不来过夜半,闲敲棋子落灯花。

示例:

在《采莲子》一诗中,作者多次采用细节描写,为读者描绘了一幅江南水乡的风物人情画。"贪看年少信船流",女主人公因为出神地凝视着意中人,以致船儿随水漂流而动,表现了采莲女纯真热情的鲜明个性和对爱情的炽烈渴求;"无端隔水抛莲子",采莲女抓起一把莲子向岸上的少年抛去,这个细节充满戏谑、挑逗和爱慕,生动地表现出江南水乡姑娘大胆热情的性格;"遥被人知半日羞",这一句描写采莲女的心理活动,采莲女猜想自己的举动一定是被远处的别人发现了,于是羞了大半日,展现了一个初恋少女特有的羞怯,采莲女热情大胆的形象也因此更加丰满可爱。

在《约客》一诗中,主人公约了客人,已过了子时,客人却还没到。百无聊赖的诗人,为打发时间,看看风景,敲敲棋子,不经意间震落了灯芯。这个细节让我们感受到诗人落寞失望的情绪。

五、课堂总结

细节描写在文学创作中的作用是多方面的,细节不仅能让读者印象深刻,提高文章的可读性,还能让作品更具深度和广度。在各类作品中,打动读者的往往是其中看似闲来之笔、实则是作者独具匠心设计的细节描写。本诗中的诸多细节描写让我们感受到了诗人跨越时间、空间、生死的思念,这便是细节描写的魔力。

六、板书设计

江城子·乙卯正月二十日夜记梦

人物形象		生死之隔
情感主题	细节描写	地域之隔
场景描写		时间之隔

七、作业

　　人们的眼睛总是看向远方的风景,却忽略了一直默默保护自己的睫毛。同学们或许急着奔向远方,而忽略身边爱着自己的父母。但一定有一个成长的瞬间让你感受到了父爱或母爱。请将打动你的细节描写下来,字数500字左右。

内蒙古兴安盟扎赉特旗音德尔第一中学语文组　张小辉

失意英雄泪空流　报国情怀谁人知

——《永遇乐·京口北固亭怀古》中的"怀古"与"用典"

【文体知识与教学设想】

《永遇乐·京口北固亭怀古》是人民教育出版社高中语文必修上册第三单元中的一篇课文,属于怀古诗。怀古诗主要以历史事件、历史人物、历史陈迹为题材,借登高望远、咏叹史实、怀念古迹来达到感慨兴衰、寄托哀思、托古讽今等目的。诗人处于某种背景之下,前往瞻仰或凭吊历史古迹,回顾古人的业绩或遭遇,自己内心产生共鸣,不禁发出对古人业绩的慨叹或抒发对物换星移、物是人非的悲哀之情。因此,这类诗多用典故,手法委婉,感情基调一般都比较苍劲悲凉。

这类诗中,诗人抒怀的情感必须有一个触发点,一般都会出现一处(件)诗人产生联想的"点"。这些"点"既可以是某处遗迹,也可以是遗迹旁的景或物,或是由遗迹联想起的历史事件,还可以是某个历史人物。怀古诗都会选择"物是人非"或"物的盛衰变迁"这两种对比的模式。从物是人非的角度看,诗人往往选取的是遗迹旁的景或物,将穿越时空依然存在的景或物和诗人当世已然不存或残存的遗迹进行对比,从而形成一种比较观照,抒发出时空更替的兴亡之感。从物的盛衰变迁的角度看,诗人往往将着眼点关注在遗迹本身,由遗迹现实的衰败联想到遗迹当年的繁盛,两相对比,进而抒发时空沧桑之感。总的来说,怀古诗在抒发的情感上一般可分为三类:一是寄托个人境遇;二是借古讽今,忧国伤时;三是感慨人世无常。

《永遇乐·京口北固亭怀古》是辛弃疾登临京口北固亭所作。面对历史陈迹,遥望江面上的点点帆影,不禁抚今思昔,心潮激荡,写下了这首脍炙人口的爱国词作。辛弃疾和南宋一般的士大夫不同的地方在于他生长于被异族蹂躏的北方,恢复故土的愿望比一般的士大夫更为强烈,他又较少受到传统文化教育的束缚,在他身上,有一种燕赵奇士的侠义之气。他在主动承担民族使命的同时,也在积极地寻求个人生命的辉煌,因此在他的词中表现出不可抑制的英雄主义精神。在上阕,作者主要表达了对历史上英雄人物的仰慕,含蓄地表达了自己建功立业的豪迈情怀,同时还表达了对英雄不再、世事无常的感慨。在下阕,作者通过用典和今昔对比,表达了对国事的担忧,抒发了自己壮志难酬、报国无门的悲愤之情。

基于以上对课文体裁题材和内容的分析,确定如下教学设想:

引导学生学习怀古类诗词的鉴赏方法,知人论世,以意逆志,根据诗中的物象确定史实,理解典故内容和它所包含的意义,根据作品中所反映出来的东西,去探索追溯作者写作时所要表达的"志"。带领学生把握住作品的情感脉络,鉴赏作品中运用的用典、对比等手法,感悟作者的爱国精神和豪迈情怀。

【教学目标】

1. 学习怀古类诗词的鉴赏方法。

2.鉴赏用典的作用和效果。

3.感悟作者的爱国精神和豪迈情怀。

【教学重点】

学习怀古类诗词的鉴赏方法。

【教学难点】

鉴赏用典的作用和效果。

【教学过程】

一、课堂导入

从古至今,有多少文人志士,在国家危亡之际,他们或奋斗呼告,或金戈铁马,或挥笔为文,今天我们来认识一位文武双全的英雄词人——辛弃疾。这位爱国词人一生致力于抗金收复中原,但长期不被统治者重用,年迈的辛弃疾登上京口北固亭,会有何感想?今天我们就来学习《永遇乐·京口北固亭怀古》,让我们插上想象的翅膀,跟随辛弃疾一起登上北固亭,去聆听这位老人的心语,去感受他深沉的爱国情怀。

二、整体感知

(一)诵读词作,体味风格

1.全班齐读。读准字音,学会把握节奏,根据学生读的情况发现问题当时进行纠正。

2.再找一名同学试读,体味豪放风格。

3.全班再次齐读,试着体会词中情感,教师进行诵读指导。

(二)表达交流,理解内容

请同学们用自己的语言表述本首词所写主要内容。

示例:

江山如画、历经千年仍如故,但是找不到东吴英雄孙权在此的定都处。昔日的舞榭歌台、显赫人物,都被风吹雨打化为土。斜阳照着草和树,普通的街巷和小路,人们说,武帝刘裕曾在这个地方住。想当年,他骑战马披铁甲,刀枪空中舞,气吞万里如猛虎。

宋文帝草率用兵学黩武,效法汉将伐匈奴,没能够封山纪功狼居胥,却要仓皇向南逃,时时回头向北顾。我登上山亭望江北,还记得四十三年前的旧事一幕幕:烽火连天鏖战苦,扬州一带遭荼毒。往事怎忍再回顾?拓跋焘祠堂香火盛,乌鸦啄祭品,祭祀擂大鼓。谁能派人来探问:廉颇将军虽年老,还能吃饭吗?

三、问题探究

(一)作者登上北固亭,为什么会想到孙权和刘裕?

示例:

孙权:在京口建立吴国,建都建业,抵抗了来自曹军的入侵,保卫了家园。

刘裕:刘裕出生于京口寻常小巷陌,后建立刘宋政权,建都建康(南京),多次抵抗来自多方的入侵,保卫了家园。

两者与京口一地有关,都曾勇猛抗敌,保卫家园,都曾建立了一番功业,是作者怀古的触发点。

（二）上阕哪些内容是写孙权？哪些内容是写刘裕？作者对两人的描写有什么相同点？

示例：

"千古江山，英雄无觅孙仲谋处，舞榭歌台，风流总被雨打风吹去"这几句是写孙权的；"斜阳草树，寻常巷陌，人道寄奴曾住。想当年，金戈铁马，气吞万里如虎"这几句是写刘裕的。

作者认为孙权和刘裕都是英雄人物，一个是"风流英雄"，一个是"气吞万里如虎"；作者用今昔对比描写两人，用江山千古来反衬英雄无觅，用斜阳草树来反衬当年的金戈铁马，意指即使英雄也终究会消逝在历史的长河中。

（三）作者通过对孙权和刘裕这两位历史人物的描写表达了自己什么样的感情？

示例：

表达了对两位英雄人物的敬仰以及英雄难觅、世事无常的感慨，还含蓄地表达了对南宋统治者偏安江南的不满。

（四）总结怀古诗的特点。

示例：

作者缅怀的对象是眼前的遗迹，或者与眼前遗迹有密切关系的古人、古事，常常采用对比、借古讽今的手法，寄托个人境遇，借古讽今，忧国伤时，感慨人世无常，或者兼而有之。

（五）作者在下阕提及了哪些古人古事，这些古人古事和作者登临的北固亭有直接关系吗？

示例：

刘义隆好大喜功，草草北伐，结果是大败而归；北魏太武帝拓跋焘小名"佛狸"，他反击刘宋，在长江北岸建立行宫，后称"佛狸祠"；廉颇虽终不被重用，但尚有赵王想起。这些古人古事与作者登临的北固亭没有直接关系，作者借用典故，抒发情感。

（六）作者运用这些典故的目的是什么？请同学们结合具体诗句进行分析。

1. 刘义隆好大喜功，草草北伐，导致失败。明明是失败，作者却用了一个"赢"字，一方面是对刘义隆的讽刺，另一方面表达刘义隆虽然失败，但是他毕竟北伐了，这是对南宋偏安政策的讽刺。作者借古讽今，既讽刺了统治者偏安江南，又在告诫朝廷不要草率出兵。

2. "佛狸祠下，一片神鸦社鼓"，作者借用"佛狸"的典故，是在写沦陷区百姓在拓跋焘的祠堂前举行庆祝活动，是在写沦陷区人民安于异族统治，忘了国耻；"烽火扬州路"是作者回忆四十三年前扬州一带抵抗金兵、战火纷飞的情形。今昔对照，表现了作者对祖国统一前途茫然的担忧。

3. "凭谁问，廉颇老矣，尚能饭否？"这句用了廉颇的典故。"凭"是"靠"的意思，全句是一个反问句，意思是没有人来问。作者用了对比，当年廉颇虽终不被重用，但尚有赵王想起，可如今自己呢？虽满怀爱国热情，可是朝廷早就没有起用的意思了。表达了作者的悲愤之情,用它来结束全词,不仅使抒情达到了高潮,而且集中鲜明地再现了词人的自我形象。

(七)比较用典与怀古的区别

用典是修辞手法,怀古是题材;用典是借用典故,效果含蓄委婉,怀古是作者对古人、古事、古迹直接表达情感;典故中的古人、古事与作者登临之地没有直接关系,怀古中的古人、古事与作者登临之地密切相关。

四、总结主旨

请同学们总结这首词的主旨。

示例:

词人怀古伤今,表达了对孙、刘功业的赞扬,对南宋统治者草率用兵和不思收复中原的讽刺、不满,表现了词人报效国家的强烈愿望,壮志难酬、报国无门的悲愤之情。

五、拓展阅读

辛弃疾的《南乡子·登京口北固亭有怀》和《永遇乐·京口北固亭怀古》这两首词都属于怀古诗歌,缅怀的对象都有孙权,但表达的思想感情不尽相同,请结合诗句谈谈你的理解并分析原因。

南乡子·登京口北固亭有怀

宋·辛弃疾

何处望神州?满眼风光北固楼。千古兴亡多少事?悠悠。不尽长江滚滚流。
年少万兜鍪,坐断东南战未休。天下英雄谁敌手?曹刘。生子当如孙仲谋。
注:①兜鍪(dōu móu):指千军万马。原指古代作战时兵士所带的头盔,这里代指士兵。②坐断:坐镇,占据,割据。③东南:指吴国在三国时地处东南方。④曹刘:指曹操与刘备。

示例:

前者:风格比较明快,乐观昂扬,写三国时的英雄孙权,讽刺南宋朝廷无能而屈辱求和,表达了作者仰慕英雄,主张收复中原的情怀。

后者:沉郁顿挫,谈古伤今,后者不仅赞扬了宋武帝刘裕等多位历史人物,而且自不甘休,以廉颇自比,表现了仍要抗金的决心,通过对历史人物的赞扬,表达了对主战派的期望和对南宋朝廷苟安求和者的讽刺和谴责。

思想情感不同的原因:

词人自己的境遇和国家的状况不同,所以表达出的情感也不同。从前是年轻气盛,满腔热情,所以传递出的情感也是乐观昂扬的。如今词人年事已高,眼见收复失地无望。他感叹自己可能再也没有报国的机会了,所以他传递出的情感是遗憾、悲愤。

六、板书设计

永遇乐·京口北固亭怀古

辛弃疾

怀古

对象　——　古迹、古人、古事

手法　——　对比、借古讽今

感情　——　1 寄托个人境遇　2 忧国伤时　3 感慨世事无常

七、作业

请以"辛弃疾,我想对你说……"为开头,写一段抒情文字。至少使用两种修辞手法,字数要求:60—80字。

内蒙古兴安盟扎赉特旗音德尔第一中学　金鑫鑫

石榴花开照眼明——跨区域多校联动教研成果汇编

传统意蕴的现代嬗变

——《红烛》中的意象

【文体知识与教学设想】

《红烛》是人民教育出版社高中语文必修上册第一单元中的一首现代诗。

现当代诗歌是对古典诗歌的继承与发展。现代诗首先是诗,它有诗歌的共性;现代诗又不是古典诗歌,它是现当代人写的诗,表达了现代人的生活、思想,体现了现代人的精神、文化,现代诗歌既有对古典诗歌的发展与创新,还有对外国诗歌的借鉴与吸收。

瑞典诗人托马斯·特朗斯特罗姆2011年获得诺贝尔文学奖的理由是"通过凝练、通透的意象,为我们提供了通向现实的新途径"。诗歌是情感的艺术,思想情感与具体形象融合,就形成了意象。诗歌是通过意象来抒发诗人的诗情与意趣的,现代诗歌在运用意象时,既传承传统意蕴,又借用象征等艺术手段有所创新。因此,阅读现代诗,要关注意象,解析意象,通过分析把握意象的特点及象征意义,去揣摩玩味诗歌要表达的情感。

现代诗之所以被称为现代诗,最主要的是其具有现代性。中国现当代诗歌是在西方现代文化和现代主义文学思潮影响下曲折而又艰难地诞生和发展的,但是它又不是简单地模仿西方诗歌。施蛰存说,现代诗"是现代人在现代生活中所感受的现代的情绪,用现代的辞藻排列成的现代的诗形"。西川曾说:"农业社会的诗人可以歌颂花草树木,现在的诗人怎么歌颂冰箱空调?"这是对诗歌的现代性最有力的诘问和诠释。换言之,现代诗歌的现代性,是指诗人自觉、自律地沉潜于当下社会、时代生活环境与现实语境,以"我在故我诗"的文本,呈现诗人们所置身的时代境况、灵魂动态、生活本质与理趣。中国现当代诗歌所蕴涵的"现代性"是中国社会走向现代化必然结果。时代精神虽然贯注于社会文化的方方面面,但是它总是会找到最恰当的形式、以最完整的形态,集中地体现出来,而诗歌形象而集中地反映不同时期的时代精神。带领学生学习现当代诗歌,要努力探索作品中蕴含的民族心理和时代精神,了解人类丰富的社会生活和情感世界。

基于上述对现代诗歌特征的梳理,本节课聚焦诗歌意象,分析意象蕴含的传统意蕴和现代精神,感受诗人的审美意蕴和精神世界。

【教学目标】

1.学生通过课前了解本诗创作的时代背景,知人论世,了解闻一多其人其事。

2.通过有感情地反复朗诵诗歌,理解诗歌中的意象"红烛"的象征意义。

3.感受诗人对红烛精神的赞美,感受诗歌蕴含的无私奉献精神和爱国情感。

【教学重点】

理解诗歌的感情基调,能够理解"红烛"的象征意义,学会对生命价值的思考。

【教学难点】

体会诗人的伟大抱负,理解诗人献身祖国、甘愿自我牺牲的爱国精神。

【教学过程】

一、课堂导入

观看闻一多《最后一次讲演》视频。

这段视频是 1946 年 7 月 15 日在悼念李公朴先生的大会上,闻一多先生愤怒斥责国民党暗杀李公朴的罪行发表的演说。有句话是这样说的:"红色是血脉里永不褪色的赤诚。"闻一多的一生又何尝不是一支燃烧的红烛呢? 这场演讲不仅仅是文字的奏响,更是他对理想和信仰的坚定宣言。今天就让我们学习他的一首现代诗歌《红烛》,感受不一样的青春情怀。

二、整体感知

(一)知人论世 了解诗人

课前布置任务卡,学生提前查阅相关知识并在课堂展示。

<table>
<tr><th colspan="4">闻一多个人档案</th></tr>
<tr><th>生平介绍</th><th>时代背景</th><th>代表作品</th><th>人物事迹</th></tr>
<tr>
<td>闻一多是 20 世纪中国著名诗人、学者、民主斗士。早年热心于新诗创新与理论研究,积极倡导新格律诗,以《红烛》《死水》两部诗集开一代诗风,创作的著名爱国诗篇《七子之歌》在 20 世纪末澳门回归祖国时唱响中华大地。</td>
<td>这首诗写于 1923 年。诗人准备出版自己的第一部诗集,在回顾自己数年来的理想探索历程和诗作成就时,就写下了这首名诗《红烛》,将它作为同名诗集《红烛》的序诗。将爱国热情和古诗词的唯美形式典范地结合在一起。</td>
<td>诗集《红烛》《死水》以及《七子之歌》;学术著作有《古典新义》《楚辞校补》《神话与诗》《唐诗杂论》等。</td>
<td>1946 年 7 月 15 日,在悼念李公朴的大会上,斥责国民党暗杀李公朴的罪行,当日下午被国民党特务杀害逝世,时年 47 岁。2009 年,闻一多被评为 100 位为新中国成立作出贡献的英雄模范人物之一。</td>
</tr>
</table>

(二)因声求气 以读促解

1.学生自由朗读诗歌,感受诗歌的情感基调。

情感基调——悲壮慷慨

2.文章以"红烛"为标题,"红烛"本身具有怎样的特征? 这一意象有着怎样的象征意义?

示例:

红烛:喜庆之事;象征着一种新的希望;红色的蜡烛,在本文中象征为了拯救世人而主动牺牲自己的理想人格的化身。

3.有人说,这首诗是一个伟大的爱国者的心声,那在每一节中你都能读出来作者怎样的心声呢?

学生通过有感情地朗读诗歌,结合每一节的诗句进行分析,不能脱离文本内容。

示例:

第一节:赞叹　　第二节:困惑　　第三节:理解　　第四节:激励

第五节:感伤　　第六节:彻悟　　第七节:慰藉　　第八节:认同

第九节:肯定与期望

三、问题探究

(一)诗人用李商隐的诗句"蜡炬成灰泪始干"作为引子,有什么作用?

示例:

引领全篇,含蓄地呈现主题,让诗人的情感有了缓冲。

(二)阅读李商隐的《无题》,比较这首诗和《红烛》中的"红烛"意象有何不同?

无题

唐·李商隐

相见时难别亦难,东风无力百花残。
春蚕到死丝方尽,蜡炬成灰泪始干。
晓镜但愁云鬓改,夜吟应觉月光寒。
蓬山此去无多路,青鸟殷勤为探看。

示例:

在原诗中,李商隐用"蜡炬成灰泪始干"表达了缠绵悱恻的相思之情,表达了对爱情的忠贞不渝;由于时代背景和个人经历不同,闻一多赋予了新的思想感情,即托红烛言明作者牺牲自我的高尚品格,表达了对理想信念无比忠贞的坚守和歌颂。

(三)怎样理解"莫问收获,但问耕耘。"

小组合作探究讨论,结合自己的理解进行分析。

示例:

结构上,与开头首尾呼应,在结尾卒章显志。

内容上,能够看出来这是诗人的行动宣言,更能够看出来诗人执着的心。不问自己为了付出收获什么,只在乎自己无尽的奉献与付出。通过这句诗再一次激励红烛,勉励自己,表明自己坚定的理想信念。同时表现了自己淡泊名利、品德高尚的献身精神。这种精神是值得歌颂,也是作为新时代青年应该具备的良好品质。

四、拓展延伸

阅读闻一多的《死水》,结合具体诗句分析这首诗歌是如何体现闻一多"三美"理论主张的。

死水

闻一多

这是一沟绝望的死水,清风吹不起半点漪沦。
不如多扔些破铜烂铁,爽性泼你的剩菜残羹。

也许铜的要绿成翡翠,铁罐上绣出几瓣桃花;
再让油腻织一层罗绮,霉菌给他蒸出些云霞。

让死水酵成一沟绿酒,漂满了珍珠似的白沫;
小珠们笑声变成大珠,又被偷酒的花蚊咬破。

那么一沟绝望的死水,也就夸得上几分鲜明。
如果青蛙耐不住寂寞,又算死水叫出了歌声。

这是一沟绝望的死水,这里断不是美的所在,
不如让给丑恶来开垦,看他造出个什么世界。

示例:

"三美"包括音乐美、绘画美、建筑美。音乐美是指诗歌从听觉方面表现的美,包括节奏、平仄、重音、押韵、停顿等,要求和谐,符合诗人的情绪,流畅而不拗口——这一点不包括为特殊效果而运用声音。本诗中,每句四顿,参差交替,音节和谐。全诗三节,每节四行,每行九字,节与节、行与行句式相同,对仗工整,形式十分整齐美观。绘画美是指诗歌的词汇应该尽力去表现颜色,表现一幅幅色彩浓郁的画面,例如,用词色彩浓艳,形象鲜明,如"桃花""罗绮""云霞""珍珠似的白沫"等,给人以强烈的视觉冲击,以美衬丑,同时使诗篇富于意境。建筑美是针对自由体提出来的,指诗歌每节之间应该匀称,像一个个豆腐块,各行诗句应该一样长——这一样长不是指字数完全相等,而是指音尺数应一样多。

五、课堂总结

今天我们学习完闻一多的《红烛》,我们感受到他作为一位革命斗士,为国为民坚持斗争、不懈奋斗的坚定信念。他用言和行诠释了他生命的价值,红烛之泪,是先生留在心底的忧国热泪;红烛之光,是先生燃起生命的爱国之光。

六、板书设计

红烛

闻一多

红——红烛——泪

悲壮慷慨

七、作业

选取一位你心中所敬仰的革命者,为其创作一首现代诗,尝试选取和运用意象表达情感。

内蒙古兴安盟扎赉特旗音德尔第一中学语文组　高慧涵

现代诗的古典意蕴

——《再别康桥》中的"三美"

【文体知识与教学设想】

《再别康桥》是人民教育出版社高中语文选择性必修下册第二单元中的一首现代诗。

现代诗也叫"白话诗",最早可追溯到清末,与古代诗歌相比,一般不拘格式和韵律。现代诗按照语言音韵格律和结构形式可以划分为格律诗、自由诗、散文诗。现代格律诗是按照一定格式和规则写成的诗歌,相比较于现代自由诗和散文诗,它对诗的行数、诗句的字数(或音节)、声调音韵、词语对仗、句式排列等有一定的规定,但不如古代诗歌中的"律诗""绝句"等格律体那么严格。自由诗是近代欧美新发展起来的一种诗体,它不受格律限制,无固定格式,注重自然的、内在的节奏,不强调押韵,字数、行数、句式、音调都比较自由,语言比较通俗。受到西方自由诗的影响,"五四"以来自由诗成为中国诗坛的主流诗体。散文诗是兼有散文和诗的特点的一种文学体裁,作品中有诗的意境和激情,常常富有哲理,注重自然的节奏感和音乐美,篇幅短小,像散文一样不分行,不押韵。

中国现代诗,不可能是纯粹模仿西方的现代诗,必然会对中国古典诗歌有所继承,在教学过程中,要结合具体现代诗,把握现代诗与古典诗歌的共性,提高学生鉴赏现代诗的能力。比如,中国古典诗歌注重用意象表情达意,营造意境,中国现当代诗歌继承了中国古典诗歌这一表现手法。又如,细节描写是古今中外诗人们经常运用的写作技巧,诗歌中细微的事物更容易被读者领悟,激发读者共鸣。

《再别康桥》是新月派诗歌的代表作,体现了闻一多所倡导的"三美"格律诗论特点,即绘画美、音乐美、建筑美。这首诗遵循了严格的格律,全诗共七节,每节四行,隔行押韵,节节换韵,体式参差不齐,错落有致。徐志摩在创作《再别康桥》时,不仅注重诗歌的形式美,还通过辞藻的华美和风格的明丽,营造出温柔纤丽的风情。此外,诗中多次使用重叠、反复、排比等手法,使韵律和谐,富于音乐美。这些特点共同构成了《再别康桥》作为格律诗的典型特征。

基于上述对文体特点的分析,本节课重点围绕格律诗创作规律,从新月派"三美"诗论主张出发,带领学生赏析现代诗的古典意蕴。

【教学目标】

1. 通过对诗歌节奏的划分和朗读,体会诗歌的音乐美。
2. 通过对诗歌语言形式的观察,体会诗歌的建筑美。
3. 通过鉴赏诗歌中的意象,体会诗歌的绘画美。
4. 培养学生追求真、善、美的思想感情和良好的审美趣味。

【教学重点】

品味诗歌语言,鉴赏诗歌意象,体味作者对康桥深深依恋之情,提高审美情操。

【教学难点】

鉴赏诗歌中的"三美",掌握格律诗的特点。

【教学过程】

一、课堂导入

有一座桥,风景秀丽,闻名遐迩;有一个人,风流倜傥,才华横溢;有一首诗,文采斐然,载誉中华。今天我们就来走进这座桥,了解这个人,感受这首诗。

二、整体感知

(一)走近作者

徐志摩(1896—1931),浙江海宁人。笔名南湖、诗哲。1920 年赴英国剑桥大学,攻读博士学位,剑桥就是诗歌中的康桥。1922 年 8 月辞别剑桥启程回国。经常发表诗作,1923 年与胡适等成立新月社,为新月诗派的主要人物。1931 年 11 月 19 日,诗人从南京乘飞机去北平,途中飞机失事,不幸遇难。

诗歌集著有:《志摩的诗》《翡冷翠的一夜》《猛虎集》《云游》共四集。

散文集有:《落叶》《巴黎的鳞爪》《自剖》《秋》共四集。

小说集:《轮盘》等。

(二)了解背景

1920 年,徐志摩赴英国就读剑桥大学,并在此遇到了年轻貌美的才女林徽因,度过了他一生当中最幸福的时光。1928 年徐志摩故地重游,却已物是人非,于是千般感触涌上心头,便写下了这首著名的离别诗《再别康桥》。

(三)积累字词

青荇(xìng) 长篙(gāo) 漫溯(sù) 斑斓(bān lán) 笙箫(shēng xiāo)

三、问题探究

(一)诵读诗歌,探究诗歌的音乐美和建筑美

1.聆听名家诵读

2.学生诵读诗歌

要求学生在朗读的过程中尝试给诗歌划分节奏,教师对学生划错的诗歌节奏进行纠正,并讲解正确的节奏划分。

3.指名学生按照正确的诗歌节奏和韵律朗读诗歌,教师给予评价与点评。

4.提示学生诗歌常有韵脚,让学生尝试找出诗歌的韵脚。

示例:

来、彩;娘、漾;摇、草;虹、梦;萧、桥。

5.再读诗歌,注意诗歌韵脚,体会韵脚对诗歌的作用,感受诗歌的音乐美。

6.提示学生观察诗歌的形式有何独特之处,与现代自由体诗歌有什么不同点?

示例:

这首诗四行一节,每一节诗行的排列两两错落有致,每行的字数于参差中见整齐,体现了诗歌的建筑美。

(二)分析意象,探究诗歌的绘画美

1.诗人为何将柳树称为金柳?并且比作新娘?

示例：

夕阳下的柳树呈金色,故而被称作金柳。因为对剑桥大学的景色十分热爱,所以觉得夕阳下的柳树犹如新娘。

2.柳树的影子为何是"艳影"?

示例：

诗人对柳树十分喜欢,觉得它的影子也非常好看,在心中荡漾,故而称为"艳影"。

3.青荇招摇是怎样的一种状态?

示例：

"招摇"看似是贬义词,实则是贬词褒用,青荇在水中自由自在,使得诗人也想像它那样在康河的柔波里自由自在。

4.清泉与天上虹有什么关系?

示例：

清泉和天上虹都是非常美好、非常纯洁的事物,在诗人的心中、梦中出现。

5.一船星辉象征着什么?

示例：

这节诗是徐志摩对往昔生活的回忆、留恋。诗人在康桥生活了两年,那时有自己的理想,生活是充实的,对明天怀着希望。所以诗人用"一船星辉"来比喻那时的生活,带有象征的意味。

6.这些意象营造了怎样的意境?

示例：

云彩、金柳、柔波、青荇、青草、星辉等自然景物,构成宁静、轻柔、缠绵、哀而不伤的意境,构成了康桥迷人的晚景。

教师总结:通过对诗歌意象的分析,可以看出这些意象的色彩都较为明丽,基本每一小节都可以构成一幅画,这首诗歌中处处充满绘画美。

四、读写结合

意象是我们理解诗歌和创作诗歌的一把金钥匙,请同学们写一首现代诗,表达对青春的赞美之情。要求:内容积极健康,能够体现"三美"诗歌理论主张。

示例：

天山脚下的紫色花海

水在山间欢快地激荡,
雄鹰在天空中自由翱翔,
白色的毡房点缀在青青的草原上。

养蜂女走过紫色的花海,
是你装饰了它们,
还是它们装饰了你。

你是初夏的芬芳，
是普罗旺斯的浪漫，
是心中紫色的梦想。

紫色晕染的青春，
走过戈壁，穿越荒漠，
在天山脚下与你相遇。

五、课堂总结

《再别康桥》表达的是一种离愁别绪，引起了不同时期许多读者的强烈共鸣，究其原因，不外乎诗歌表达了人类一种共有的感情：对逝去的美好往事，人们总是充满怀念。

六、板书设计

再别康桥

徐志摩

三美 { 音乐美：节奏富有韵律
建筑美：诗行错落有致
绘画美：意象色彩明丽

七、作业

阅读徐志摩《康桥再会吧（节选）》，谈谈这首诗和《再别康桥》在抒发感情方面有何异同。

康桥，再会吧！

你我相知虽迟，然这一年中我心灵革命的怒潮，
尽冲泻在你妩媚河身的两岸，
此后清风明月夜，当照见我情热狂溢的旧痕，尚留草底桥边，
明年燕子归来，当记我幽叹音节，
歌吟声息，缦烂的云纹霞彩，应反映我的思想情感，
此日撒向天空的恋意诗心，赞颂穆静腾辉的晚景，
清晨富丽的温柔；
听！那和缓的钟声解释了新秋凉绪，旅人别意，
我精魂腾跃，满想化人音波，
震天彻地，弥盖我爱的康桥，
如慈母之于睡儿，缓抱软吻；
康桥！汝永为我精神依恋之乡！

内蒙古兴安盟扎赉特旗音德尔第一中学语文组　阿茹汗

借此喻彼　以小喻大

——《庖丁解牛》中的人生之道

【文体知识与教学设想】

《庖丁解牛》是人民教育出版社高中语文必修下册第一单元中的一篇课文。

寓言是用假托的故事或者自然物的拟人手法，来说明某个道理或教训的文学作品，常常带有讽刺和劝诫的作用。这一类文体通常是把深刻的道理和寓意寄予简单的故事中，借此喻彼，借小喻大，借古喻今。主人公可为人，也可为拟人化的生物或非生物，常运用夸张和拟人等修辞手法。寓言早在我国春秋战国时代就已经盛行，诸子百家著作中都有不少寓言故事流传下来。庄子的《逍遥游》《庖丁解牛》都属于寓言体。

庄子生活在战国中期，这是非常激烈的社会转型时期，中国社会经历了一次"高岸为谷，深谷为陵"的沧桑巨变，社会动乱，民不聊生，身处乱世的人们对人生、对前途充满了迷茫。庄子针对人在残酷现实不能任其本性无拘无束生活、面临无情摧残难以尽享天年的现实，被迫随时随地悚然惊心地谨慎藏锋，适时顺应，无求远害，想在复杂的斗争的骨节缝中寻找一个空隙，把它作为保全生命的安乐窝，以便在这乱世中游刃有余地活下去。这篇寓言体现的就是这种心境。

《庖丁解牛》是庄子寓言杰作之一，虽然删改后篇幅不长，注释详尽。本节课通过品读学习、合作探究法及教师点拨来引导学生初步了解道家思想，感受庄子散文之美，并体味其中蕴含的深邃哲意。

【教学目标】

1. 抓住关键词句，理解文意，把握本文的观点。

2. 欣赏庖丁解牛的场面描写，挖掘"解牛之道"与"养生之道"的关联。

3. 了解庄子的哲学思想和处世态度，结合当下社会文化生活，思考其现实意义。

【教学重点】

欣赏庖丁解牛的场面描写，挖掘"解牛之道"与"养生之道"的关联。

【教学难点】

了解庄子的哲学思想和处世态度，结合当下社会文化生活，思考其现实意义。

【教学过程】

一、课堂导入

阅读下面一则寓言故事，思考其中蕴含的寓意。

濠梁之辩

庄子与惠子游于濠梁之上。庄子曰："儵鱼出游从容，是鱼之乐也。"惠子曰："子非鱼，安知鱼之乐?"庄子曰："子非我，安知我不知鱼之乐?"惠子曰："我非子，固不知之矣;子固非鱼也,子之不知鱼之乐,全矣。"庄子曰:"请循其本。子曰'汝安知鱼之乐'云者,既已知吾知之而问我,我知之濠上也。"

示例:

这则寓言讲述了春秋战国时期的两名思想家庄子和惠子的一次辩论,这次辩论以河中的鱼是否快乐以及双方怎么知道鱼是否快乐为主题。庄子坚持认为"出游从容"的鱼儿很快乐,其实是他愉悦心境的投射反映,反映了庄子推崇"自然",反对"人为"的思想,以及强调了审美感受的重要性。

今天我们学习庄子的《庖丁解牛》,来挖掘"解牛之道"与"养生之道"的关联。

二、整体感知

(一)文学常识积累

1. 作者简介

庄子(约公元前369—公元前286年),名周,战国时期宋国人。战国中期思想家、哲学家、文学家,道家学派代表人物,与老子并称"老庄"。庄子对待生活的态度是一切顺其自然,"安时而处顺","知其不可奈何而安之若命"。政治上主张无为而治,反对一切社会制度,摈弃一切文化知识。散文风格为浪漫主义,多用寓言,词汇丰富,妙趣横生,哲学意味很浓。

2. 关于《庄子》

《庄子》是战国中后期庄子及其后学所著道家学说汇总。到了汉代以后,尊庄子为南华真人,因此《庄子》亦称《南华经》。其书与《老子》《周易》合称"三玄"。《庄子》一书主要反映了庄子的批判哲学、艺术、美学、审美观等。其内容丰富,博大精深,涉及哲学、人生、政治、社会、艺术、宇宙生成论等诸多方面。《庄子》现存33篇,分为内篇(7篇)、外篇(15)和杂篇(11)。一般认为,内篇为庄子所作,外篇和杂篇为庄子门人和后学所作。

(二)题目解析

庖:厨师;丁:厨师的名字。春秋战国时代人们称呼以某种技艺为职业的人,习惯以"职业+名字"的方式。

(三)欣赏名家诵读,学生自读

(四)疏通文意

本文共四个自然段,可分为哪两个层次?简要概括大意。

示例:

第一部分(1段):写庖丁解牛场面,反映其高超技艺。

第二部分(2、3、4段):写庖丁与文慧君的对话,表现庖丁解牛的三重境界。

三、问题探究

(一)再读全文,作者是如何表现庖丁解牛技艺之高的?

示例:

直接描写 { 动作:手触,肩倚,足履,膝踦,
声音:砉然向然,奏刀騞然
节奏:合于《桑林》之舞,乃中《经首》之会

侧面描写　　善哉！技盖至此乎？

对比 { 良庖岁更刀：割也
族庖月更刀：折也
臣之刀十九年：刀刃若新发于硎 }

（二）第三段层次分明，其总领性的句子是哪一句？庖丁所谈的解牛之道包含了哪三重境界？

示例：

臣之所好者道也，进乎技矣。

1. 始解之时——所见无非全牛——技术一般阶段——目有全牛——不懂规律
2. 三年之后——未尝见全牛也——技术高超阶段——目无全牛——认识规律
3. 方今之时——神遇不以目视——进入道的阶段——游刃有余——运用规律

（三）文惠君听庖丁介绍之后，说自己懂得了"养生之道"，"解牛之道"和这种"养生之道"有什么联系？

示例：

解牛之道		养生之道	
喻体	喻体特点本体	本体特点	
刀	十九年若新	人	保全、长生
牛	筋骨交错	社会	关系错综复杂
解牛	依乎天理：按照生理规律	处世	顺应规律
	批大郤：避开硬骨		避开尖锐矛盾
	导大窾：顺着空隙		选更好走的路
"养生之道"：在错综复杂的现实社会中，要像庖丁避开肯綮一样，来避开矛盾，游刃有余地在各种矛盾的缝隙中生存，像保护刀刃一样来保护自己。			

（四）从这篇文章中，我们能读到哪些人生道理？

示例：

这则寓言故事给人的启示是多方面的，例如：

一切事物都有它的客观规律，只要反复实践，并在学习实践中活用多用，不断积累经验，就能像庖丁一样，认识和掌握事物的规律，做到"游刃有余"。

即使把握了事物的规律，但面对具体问题，仍要有谨慎的态度，才能把事情做好。

要热爱本职工作。潜心"解牛"，才能"游刃有余"。热爱、喜欢、兴趣、热情是事业成功之源。

四、拓展延伸

阅读庄子《鼓盆而歌》这则寓言,并交流心得体会。

庄子妻死,惠子吊之,庄子则方箕踞鼓盆而歌。惠子曰:"与人居,长子老身,死不哭亦足矣,又鼓盆而歌,不亦甚乎!"

庄子曰:"不然。是其始死也,我独何能无概然!察其始而本无生,非徒无生也而本无形,非徒无形也而本无气。杂乎芒芴之间,变而有气,气变而有形,形变而有生,今又变而之死,是相与为春秋冬夏四时行也。人且偃然寝于巨室,而我噭噭然随而哭之,自以为不通乎命,故止也。"

——《庄子·至乐》

示例:

很多人认为这则故事表现了庄子乐观的态度,庄子已经勘破生死、对妻死抱着欣然态度。而我认为,这则故事主要表现了庄子顺应自然的主张。庄子认为,既然生死是人生中不可避免的事,既然生必然要转化为死,死也要转化为生,既然生有生的意义,死也有死的价值,那么人们对生死的态度就应该是坦然地面对它,安然地顺从它。在庄子看来,生是时机,死是顺化,人只有能够坦然地随顺生死之化,才算是真正领悟了生命的真谛。

五、课堂总结

我们把这个故事用在今天的生活中,如果我们人人做成这样一个庖丁,让我们的灵魂上有这样的一把可以永远锋利的刀子,让我们迷失在大千世界中的生活轨迹变成一头整牛,让我们总能看到那些缝隙,能够准确地解析它,而不必说去砍骨头,去背负担,大家不必是每天在唉声叹气中做出一副悲壮的姿态,让人生陨落很多价值,那么我们获得的会是人生的效率。

——于丹《庄子心得》

六、板书设计

庖丁解牛

始解之时——目见全牛(不懂规律)

三年之后——目无全牛(认识规律)

方今之时——游刃有余(运用规律)

牛体—(比喻)—社会

刀——(比喻)——人

七、作业

1. 积累课文中的成语。

2. 总结归纳文言知识点。

内蒙古兴安盟扎赉特旗音德尔第一中学语文组　刘丽

因言叙事　以言绘人

——《烛之武退秦师》中的语言描写

【文体知识与教学设想】

《烛之武退秦师》选自《左传》，是人民教育出版社高中语文必修下册第一单元中的一篇课文。

《春秋》是孔子据鲁国史书《鲁春秋》修订的，是中国现存最早的一部编年体史书，记载了从鲁隐公元年到鲁哀公十四年近240多年的历史。"春秋"在古代表示一年四季，而史书记载的正是一年四季中各诸侯国发生的重大历史事件，因此取名为《春秋》。史学家就把200多年的这段历史叫作"春秋"时期。《春秋》采用所谓的"春秋笔法"，把对历史人物和事件的褒贬寄寓在微言大义中，叙事过于简略，例如对"烛之武退秦师"这段史实只有无头无尾的六个字："晋人、秦人围郑"。由于《春秋》记事过于简略，后人不易理解，所以诠释之作也相继出现，对书中的记载进行解释和说明。《左传》是我国古代第一部叙事详尽的编年体史书，相传是春秋末年鲁国史官左丘明所作。"传"意为"注释"，《左传》即是给儒家经典《春秋》所作的注释，全称《春秋左氏传》，别称《左氏春秋》，和《春秋公羊传（公羊传）》《春秋谷梁传（谷梁传）》，合称"春秋三传"。《左传》善于描写战争和记述行人辞令，记事条理清楚，叙述精确，详略合宜；写人简而精，婉而有致，人物形象栩栩如生。

我们不妨拿《左传》和《春秋》、《史记》作进一步的比较，以期探究《左传》的文体特点。先秦历史经典以记事和记言为务，所谓左史记言，右史记事。《春秋》实录记事，并不记言，谈不上文章的体制。《左传》继承了《春秋》的文字简练而意涵深邃，兼用记事和记言，因果相衔，情节连贯，结构完整，在记事和记言的结合上突破了《春秋》。司马迁在《史记·晋世家》中有两处记载"烛之武退秦师"这段史实。

第一处交代了晋国围郑的一个重要原因，即郑国如何"无礼于晋"的：

过郑，郑文公弗礼。郑叔瞻谏其君曰："晋公子贤，而其从者皆国相，且又同姓。郑之出自厉王，而晋之出自武王。"郑君曰："诸侯亡公子过此者众，安可尽礼！"叔瞻曰："君不礼，不如杀之，且后为国患。"郑君不听。

第二处较为详细地记述了秦、晋围郑的原因、经过及结果：

七年，晋文公、秦穆公共围郑，以其无礼于文公亡过时，及城濮时郑助楚也。围郑，欲得叔瞻。叔瞻闻之，自杀。郑持叔瞻告晋。晋曰："必得郑君而甘心焉。"郑恐，乃闲令使谓秦穆公曰："亡郑厚晋，於晋得矣，而秦未为利。君何不解郑，得为东道交？"秦伯说，罢兵。晋亦罢兵。

从《史记·晋世家》这两段文来看，并没有关于烛之武的只言片语，司马迁着重记述事件的因果，采用了对比的手法，从人性的角度，刻画了郑伯的目光短浅、冷酷无情以及叔瞻的深谋远虑。《烛之武退秦师》既注重记事，又注重记言，通过记述人物语言制造波澜，推动故事情节发展，塑造人物形象。

基于上述对文体特点和课文内容的分析,本节课带领学生鉴赏《烛之武退秦师》人物语言描写的作用,梳理波澜起伏的故事情节,分析人物形象,感受历史人物的人格魅力。

【教学目标】

1.梳理历史情节,赏析叙事严密、波澜起伏的艺术特色。

2.鉴赏人物语言,分析人物形象,领悟古人的人格魅力。

3.学习游说艺术,培养说理论辩的能力。

【教学重点】

鉴赏人物语言,分析人物形象,领悟古人的人格魅力。

【教学难点】

梳理历史情节,赏析叙事严密、波澜起伏的艺术特色。

【教学过程】

一、课堂导入

回顾历史,我们可以在秦王威风八面的朝堂之上,看到蔺相如以三寸不烂之舌,挫败秦王夺璧的阴谋,使宝璧平安归赵;可以在群儒唇枪舌剑的进攻场面中,看到诸葛亮谈笑自若、舌战群儒,折服东吴的饱学之士,使孙、刘迅速结盟;可以看到在郑国危如累卵之际,老迈的烛之武临危受命、纵横捭阖,使虎狼之师不击自退,铁桶之围不攻自破。烛之武在剑拔弩张的情势之下,是如何说服秦伯撤军的呢? 带着这个疑问,让我们一同走进《烛之武退秦师》!

二、问题探究

(一)《春秋》记载"烛之武退秦师"这段史实只用了短短的六个字:"晋人、秦人围郑。"请同学们诵读课文并回答,与《春秋》相比,课文主要增加了哪些内容?

示例:

增加了秦晋围郑的原因,主要增加了佚之狐、烛之武、郑伯、晋侯的言辞。

(二)请同学们从课文中把上述四人的语言找出来,并分组讨论其作用。

示例:

1.佚之狐:"国危矣,若使烛之武见秦君,师必退。"

"国危矣"承接第一段,简短的三个字说明了郑国严峻的形势,把紧张的气氛推向了顶点。"若使烛之武见秦君,师必退",佚之狐接下来的话让郑国有了一线生机,并让紧张的气氛缓和了下来。从这句话可以看出佚之狐对于烛之武非常了解,他的语气非常坚定,只要烛之武出马,"师必退"。由此可见,佚之狐可谓是烛之武的伯乐。在郑国生死存亡之际,佚之狐没有冒着风险举荐烛之武,表现了他的担当精神。所以此时的佚之狐是一位临危不乱、知人善任、勇于担责的爱国者。

2.烛之武:"臣之壮也,犹不如人;今老矣,无能为也已。"

国家昌盛之时,我烛之武只是一介草民,不被重用;国家危难之际,您才想起我来,恕臣卑贱,难以胜任。烛之武用满腹牢骚拒绝了郑伯的请求,即给郑伯泼了冷水,又使保存郑国的一线生机陡然而灭,故事又出现了波折。年近古稀,仍关心国家大事;蛰伏多年,才华终于被看见。此时的烛之武是一个蛰伏多年的忍士。

3. 郑伯："吾不能早用子,今急而求子,是寡人之过也。然郑亡,子亦有不利焉。"

面对烛之武的拒绝,郑伯没有大怒,而是立即道歉,"是寡人之过也"。此时的郑伯是一位深明大义、能屈能伸的国君。相反,面对这样一位优秀的人才,郑伯为什么没有早用他?由此可见,郑伯是一个目光短浅、短见薄识的人。而"然郑亡,子亦有不利焉",这一句又有了一丝丝威胁与恐吓的意味,让人不寒而栗。郑伯之所以容忍了烛之武的小脾气,是因为国家正处于危难之中,他需要人才来帮助他。所以,归根结底,郑伯看重的是烛之武的才华,为了自己的利益,他不得不暂时屈服于烛之武,向他低头。所以,郑伯既是一位深明大义、能屈能伸的国君,也是一位目光短浅、唯利是图的逐利者。面对郑伯的游说,烛之武放下了过去的不快,没有弃国家于不顾,而是临危受命,毅然答应出使秦军。此时的烛之武是一个深明大义的君子,又是一位令人心酸的勇士。

4. 烛之武："秦、晋围郑,郑既知亡矣。若亡郑而有益于君,敢以烦执事。越国以鄙远,君知其难也。焉用亡郑以陪邻?邻之厚,君之薄也。若舍郑以为东道主,行李之往来,共其乏困,君亦无所害。且君尝为晋君赐矣,许君焦、瑕,朝济而夕设版焉,君之所知也。夫晋,何厌之有?既东封郑,又欲肆其西封,若不阙秦,将焉取之?阙秦以利晋,唯君图之。"

烛之武这段话是课文最精彩的部分。面对强大的秦晋联军,烛之武没有畏惧,而是与秦伯分析利弊,劝秦伯小心图之。烛之武见到秦伯的第一句话便是"秦晋围郑,郑既知亡矣"。烛之武劝说的第一步,欲扬先抑,以退为进,说明郑国现在的处境,使自己处于低位,抬高秦伯,以此博得秦伯的好感,可以让他把话说下去,为下文的劝说做铺垫。第二步,阐明利害,动摇秦军。烛之武为秦伯阐明去郑和存郑的利害关系,动摇秦伯围攻郑国的决心。第三步,分析历史,挑拨关系。烛之武提及秦晋两国的往事,提醒秦伯晋国是不守承诺的,曾经如此,以后大抵也是如此,劝秦伯谨慎。第四步,推测未来,劝秦谨慎。晋侯的野心是很大的,是不知满足的,他想要扩张,大概会需要割占您的土地,还是希望您好好考虑一下吧。烛之武凭借过人的智慧、周详的谋略、大胆的发言,最终成功说退秦师,秦伯最终"与郑人盟"并退兵。此时烛之武的形象在我们心中立即高大了起来,烛之武不愧是令人佩服的辩才。

5. 晋侯："不可。微夫人之力不及此。因人之力而敝之,不仁;失其所与,不知;以乱易整,不武。吾其还也。"亦去之。

晋侯最初想要攻打郑国,并不真的是因为"以其无礼于晋,且贰于楚也",而是想要扩大领土,获得利益。面对秦国的背叛,大臣子犯请求攻打秦军,子犯的劝谏让本已平息的矛盾又起波澜,更大的冲突随时爆发。然而,晋侯保持了冷静的头脑,他从"不仁、不知、不武"三个角度进行了理智的判断,下达了撤军的命令,表现了一位成熟政治家的远见。晋国为利而来,又为利而去,郑国灭亡的危机暂时解除,潜在的冲突消弭于无形。

（三）请同学们总结烛之武人物形象特点

示例：

蛰伏多年的忍士、深明大义的君子、令人心酸的勇士、令人佩服的辩才

三、对比阅读

《齐桓晋文之事》与《烛之武退秦师》都体现了劝谏的艺术，请综合分析孟子与烛之武在劝谏技法上的异同。

示例：

相同点：目标明确，有的放矢；都站在对方的立场分析问题；逻辑清晰，内容恰当。

不同点：《齐桓晋文之事》以理喻人，善用对比论证、比喻论证，不直接说明内容，而是通过比喻、类比等向齐宣王阐明道理；《烛之武退秦师》站在秦伯角度分析问题，点明去郑和存郑的利害关系，直接表达观点。

四、课堂总结

《孙子兵法》说：不战而屈人之兵，善之善者也。郑国，兵临城下；烛之武，临危受命。他以年迈之躯，独身一人奔赴秦营。面对强大的秦伯，他临危不乱，纵横捭阖，最终以三寸不烂之舌退秦军于千里之外，救郑国于水深火热之间。蛰伏多年，出山时风采依旧不减当年；牢骚满腹，谈判时语言依旧娓娓而谈；年老体衰，分析时依旧引经据典。烛之武，当之无愧的国之大者，百姓心中的无名英雄。希望每一位同学都可以学习烛之武的精神，临危不乱，终身学习。要相信，是金子总会发光的。

五、板书设计

烛之武退秦师

——《左传》

烛之武 ｛ 蛰伏多年的忍士
深明大义的君子
令人心酸的勇士
令人佩服的辩才 ｛ 欲扬先抑，以退为进
点明利害，动摇秦伯
分析历史，挑拨关系
推测未来，劝秦谨慎

六、作业

思考题：

烛之武为何没有在"臣之壮矣"之时，像历史上那些毛遂自荐的人物一样推荐自己？

参考答案：

历史上，关于推荐自己的情况，春秋之时不如战国之时。历史上有毛遂自荐，商鞅变法，他们时刻都在准备着，只为征召之时可以展现自己的才华。而烛之武也

时刻在准备着,虽已年近古稀,但是面对秦伯之时,可以不卑不亢,娓娓道来,可见这么多年他从未停止了解天下大事,才可以做到游刃有余。只是烛之武没有屈从于权势、地位,在烛之武心中还隐藏着作为一个士的清高与孤傲。如果不能遇到一个赏识自己、欣赏自己才华的明君,那他甘愿默默无闻、了却一生。所以,烛之武在等一个机会,等一个契机。幸好,他等到了。正因为如此,我们才可以在千年之后在课本中领略到烛之武的风采与智慧。

内蒙古兴安盟扎赉特旗音德尔第一中学高中语文组　刘丽丽

妙喻取譬　喻巧理至

——《劝学》中的比喻论证

【文体知识与教学设想】

《劝学》是人民教育出版社高中语文必修上册第六单元的一篇课文。

荀子的文章,和其他先秦诸子的哲理散文一样,也是独具风格的。它既不像《老子》那样用正反相成、矛盾统一的辩证法思想贯穿始终,也不像《墨子》那样,用严密、周详的形式逻辑进行推理;既不像《庄子》那样海阔天空,神思飞跃,富有浪漫主义色彩,也不像《孟子》那样,语言犀利,气势磅礴,具有雄辩家的特点。他是在老老实实地讲述道理,详尽严谨,句式整齐,而且擅长用多样化地比喻阐明深刻道理。这便是《劝学》一文在写作上的主要特色。全文除了少数地方直接说明道理外,几乎都是比喻。有时用同类事物设喻,从相同的角度反复说明问题,强调观点。有时将两种相反的情况组织在一起,形成鲜明的对照,让读者从中明白道理。有的比喻,单说比喻而将道理隐含其中,让读者思考;有的先设比喻,再引出道理;有的先设比喻,引出道理后,再用另外的比喻进一步论述。总之设喻贴近生活,形式灵活多样,内容各有侧重,句式也富于变化,明白易懂,毫无板滞之感。文章基本上每段阐述一个问题,一般都是先提出观点,然后从不同角度使用比喻进行论述,最后再照应自己的观点。

基于以上的文体特点,教学时可引导学生关注这一特点,学习这样的论述方法,并有意识地将比喻论证的方法运用到自己的表达实践中。

【教学目标】

1.指导学生理解文中比喻论证的含义、方式,学会使用比喻论证增强论证说服力。

2.引导学生明确认识学习的重要性以及学习必须"积累""坚持""专一"的道理,同时结合当今倡导的"终身学习"等观念,联系自身实际,改进学习方法。

【教学重点】

指导学生理解《劝学》中比喻论证的含义和方式,学会运用比喻论证。同时提升自我"学习观",改进学习方法。

【教学难点】

理解并灵活运用比喻论证,增强论证的说服力,提高学生围绕中心论点合理论证的能力。

【教学过程】

一、课堂导入

《三字经》中说:"昔孟母,择邻处。子不学,断机杼"。《古列女传·母仪·邹孟轲母》中说:"子之废学,若吾之断斯机也。"孟母用断机杼作比,向孟子阐明学习应该持之以恒的道理。孟母的说理方式形象生动、通俗易懂,便于理解。那么,同样是劝学,荀子又是通过怎样的方式向我们阐述他的学习之道的呢? 今天我们就一起走近荀子的《劝学》。

二、整体感知

请同学们梳理全文的结构思路。

示例:

第一段:学不可以已(中心论点)　　　　　　　　　　　是什么

第二段:①学习可以提高自己、改变自己(学习的意义)　为什么

第三段:②学习可以弥补不足(学习的作用)

第四段:学习要积累、坚持、专一(学习方法和态度)　　怎么做

可见,本文的结构非常清晰,开头直接提出中心论点"学不可以已",向我们提出了观点"是什么"。紧接着二三段分别从学习的意义和作用两方面,向我们分析了"为什么"学习的问题。最后一段,向我们交代了该如何做的问题。

三、问题探究

研读课文,梳理每一段的论证思路,探究作者是如何运用比喻论证来证明观点的。

(一)研读第二段,找出其论述的事物及其特点

示例:

"青取之于蓝而青于蓝""冰寒于水":表明事物经过变化,可以提高;"𫐓以为轮"表明事物经过改造,可以改变;"木受绳则直""金就砺则利":表明事物经过检验,可以完善。

荀子通过形象化的比喻论证,阐述了学习的意义,从而进一步论证中心论点"学不可以已"。

(二)研读第三、四段,自主完善表格,分析作者是如何运用比喻论证的

示例:

	设喻	设喻的方式	设喻的目的
第三段	登高博见　登高而招　顺风而呼　假舆马者致千里　　假舟楫者绝江河	连续设喻	借助外部条件,帮我们弥补不足,达到目标。
第四段	积土成山,风雨兴焉;积水成渊,蛟龙生焉	正面设喻	学习要积累
	不积跬步,无以至千里;不积小流,无以成江海	反面设喻	
	骐骥一跃,不能十步;驽马十驾,功在不舍	反/正设喻	学习要坚持
	锲而舍之,朽木不折;锲而不舍,金石可镂	反/正设喻	
	蚓无爪牙之利,筋骨之强,上食埃土,下饮黄泉,用心一也。	正面设喻	学习要用心
	蟹六跪而二螯,非蛇鳝之穴无可寄托者,用心躁也。	反面设喻	

第四段的"对比论证"跨越积累、坚持、用心三部分。

荀子通过连续设喻,正反对比设喻的方式,形象且生动地阐明了学习的作用以及怎样学习两个方面的内容。

(三)了解比喻论证以及比喻论证的注意事项

1.什么是比喻论证?

示例:

比喻论证,简称喻证法,是指用具体生动的事物来形象地证明抽象道理的论证方法,其本质是化虚为实。比喻论证的作用是深入浅出,生动形象地证明观点,使观点更为清晰,读者更易理解。

2.《劝学》中的比喻论证有什么特点? 本文运用比喻论证的效果是什么?

示例:

①异类相似,切合观点;

②就近取譬,深入浅出;

③方式多样,变化灵活。本文运用比喻论证向我们形象地阐述了学习之道,避免了说理的枯燥与呆板,加强了论证的灵动与生气。

3.使用比喻论证有哪些注意事项呢?

示例:

①喻体应为大家熟悉的、具体的、浅显的。

②比喻应当贴切、自然,要能恰到好处地说明被论证的观点,不可"引喻失义"。

③要完整深刻地论证一个问题,不能仅靠比喻论证,而要与其他论证方式结合起来。

四、拓展延伸

(一)在我们所学的课文中,还有哪些文章中运用了比喻论证? 分析他们是如何运用比喻论证将深奥的道理阐述得浅显易懂的?

示例:

求木之长者,必固其根本;欲流之远者,必浚其泉源;思国之安者,必积其德义。

——《谏太宗十思疏》

本文不是一下笔便开门见山地提出"十思",而是先论天下安治的基础在于"积德义",而"积德义"是抽象的道理,不易为接受者理解和信服。为了使抽象的道理具体化,深奥的问题通俗化,便在首段开端以"木固其根""水浚其源"比况,说明人君安国当积德义,"喻巧而理至"(《文心雕龙·论说》)。刘勰在《文心雕龙·比兴》中还说:"比类虽繁,以切至为贵。"文章中比喻运用得"切",实际上就是喻体与本意相切合,要抓住重点,选最集中、最深刻、最精彩的喻体来表现本意。

(二)仿写练习

借鉴《劝学》中比喻论证方法,就学习方面的感悟,完成下列仿写。

君子曰:学贵于勤。吾之为学,当勤学不怠。古语有云:"读书破万卷,下笔如有神。"读书如登山,博览群书则如临绝顶,见者远矣;_____

五、课堂总结

在议论文中,论点往往十分抽象、深奥,而运用恰当的论证方法,能使表达的内容具体、形象、富有感染力。而《劝学》这篇课文鲜明的特点就是比喻论证非常充分。在文中,作者围绕"学不可以已"这个中心论点,运用大量的比喻,全面深刻地论述了学习的意义、作用方法和态度,使复杂的道理变得浅显易懂,值得同学们在议论文写作中借鉴。

六、板书设计

1. 异类相似,切合观点
2. 就近取譬,深入浅出　　妙喻取譬　喻巧理至
3. 方式多样,变化灵活

七、作业

古人说,"学不可以已",重视学习是中华民族的优良传统。在当代中国,人们对学习的理解与古人有相同之处,也有不一样的地方。请以"学习今说"为题目,写一篇议论文。可以从学习的目的、价值、内容、方法、途径、评价标准等方面,任选角度谈谈你的思考。

要求:论点明确,论据充实,论证合理,运用比喻论证;语言流畅,书写清晰,不少于700字。

示例:量化标准

优秀文	内容	能从学习的目的、价值、内容、方法、途径、评价标准等方面,任选一种或多种角度谈你的思考,观点明确且积极向上,能体现出当今时代你对学习的正确思考。
	结构	行文思路上能自觉运用提出问题(是什么)——分析问题(为什么)——解决问题(怎么办)的论证结构,且逻辑严密。
	论证方法	1. 使用比喻论证的方法,本体和喻体之间具有一定的相似度,喻体具体浅显,比喻贴切自然,紧扣主题。2. 能灵活运用对比设喻、连续设喻等比喻论证手法。
	语言	语言流畅,有文采,书写清晰。

北京市第十中学高中语文组　肖颖

山反覆而参差　水浇灌而萦薄

——《归去来兮辞(并序)》中的铺陈

【文体知识与教学设想】

《归去来兮辞(并序)》是人民教育出版社高中语文选择性必修下册第三单元中的一篇课文。

"辞"是介于散文与诗歌之间的一种文体,属于诗歌和韵文的范畴,形式比较自由灵活,篇幅长短不限,句式散文化。大体上以四句为一小节,两句为一组;以四言、六言为主,间有长短句,在整齐之中有参差,错落有致,韵脚的转换和押韵的方式也灵活而富有变化。"辞"起源于战国时期的楚国,又称楚辞、楚辞体,又因屈原所作《离骚》为这种文体的代表作,又被称作"骚体"。这种文体之所以被称为"辞",是取其"不歌而诵"的意思,以便与和乐的诗歌相区别。在汉代,人们习惯将辞和赋统称为辞赋,不加区别,如《史记》有"会景帝不好辞赋"之言,《汉书》里也有"辞赋大者与古诗同义",但实际上二者仍是两种不同的文体。其相似之处在于:辞和赋都注重文采,讲究铺排,善于用典。不同之处在于,赋的句式进一步散文化,关联词语增多;在内容上,赋以咏物说理为主,而辞则重在抒情。"辞"这种文体适合表达复杂的情感和丰富的思想,富于抒情成分和浪漫气息,有助于诗人情感的宣泄与表达。

《归去来兮辞(并序)》中"序"以散体叙事,"辞"以骈体抒情,二者相得益彰。"辞"的部分属于辞体抒情诗,是阅读的重点,作者反复铺陈、连续咏叹,抒写了诗人得以辞官归隐的喜悦心情和对自由、闲适的田园生活的热爱,也透露出对自我与世俗、生命与自然的思考。

基于上述对文体知识的分析,本节课重点在于引领学生赏析文章通过反复铺陈抒情的手法,理解作品所呈现的情感状态和人生境界,还要引导学生感受其骈偶押韵的语言特色。

【教学目标】

1. 了解辞赋的文体特点。

2. 了解作者辞官归田的原因,体会作者鄙弃官场、回归田园的欣喜之情,以及作者返璞归真的人生志趣与人生境界。

【教学重点】

了解作者辞官归田的原因,体会作者鄙弃官场,回归田园的欣喜之情。

【教学难点】

赏析辞体铺陈的作用和效果,理解作者或喜或忧的复杂情感。

【教学过程】

一、课堂导入

(一)文体常识

创制者:屈原;基础:楚地民歌;体例:诗体;特点:六字句为主、每句三拍、四句一节、好用"兮"字。

（二）关于作者、作品

陶渊明,名潜,字元亮,世称靖节先生。前半生济世思想强烈,"少年壮且厉,抚剑独行游"几次出仕,深感理想和抱负无法实现,后受黄老影响,"采菊东篱下,悠然见南山"。《归去来兮辞》是陶渊明的重要作品之一,欧阳修曾说:"晋无文章,惟陶渊明《归去来兮辞》一篇而已!"这是其最后一次出仕而归的作品。

二、整体感知

（一）诵读感知

聆听名家诵读,学生自读。

（二）研读序文,找出陶渊明归家之理由

示例:

1. 质性自然,非矫厉所得（本性自然,不会扭曲自己）

2. 饥冻虽切,违己交病（违背本意,身心都感痛苦）

3. 程氏妹丧于武昌,情在骏奔（需要去奔丧）

（三）阅读课文,厘清课文线索

示例:

抒情:自责自悔——自安自乐——乐天安命

叙事:辞官——归途——家中生活——纵情山水——抒发情怀

（四）诵读课文,探索作者思想及情感

1. 研读诗句,认识作者思想

觉今是而昨非

引壶觞以自酌,眄庭柯以怡颜

请息交以绝游

聊乘化以归尽,乐夫天命复奚疑

示例:

鄙弃官场、向往田园、蔑视权贵、乐天安命

末段是作者历经曲折的人生后真实而复杂的感慨,是一种包含正反感受的深刻体验,作者没有自命清高而是直抒胸臆,不可简单肤浅地冠以消极之名。

2. 研读诗句,体会作者情感

悟已往之不谏,知来者之可追

奚惆怅而独悲,乐琴书以消忧

富贵非吾愿,帝乡不可期

问征夫以前路,恨晨光之熹微

云无心以出岫,鸟倦飞而知还

登东皋以舒啸,临清流而赋诗

示例:

理想受挫的失落与忧伤、回归田园的欢悦。

陶渊明是有出仕的理想抱负的,但又厌倦官场的污浊和世俗的束缚,所以在出仕与归隐之间徘徊,这种矛盾的情状贯穿其一生,即使回归田园,从"乐琴书以消忧"等这些诗句来看,作者并没有完全忘却"猛志逸四海"大济苍生、忧国忧民的政治理想。

三、问题探究

刘勰在《文心雕龙》中指出:"赋者,铺也;铺采摛文,体物写志也。"这里的"铺、摛"都是指铺陈,"体物"指描绘事物。"赋"不仅要注重辞藻的华丽和文采的铺陈,还要通过具体的反复的描写事物来表达作者的情感和志向,使作品既有文学的美感,又能深刻反映作者的情感世界和思想追求。"辞"这种文体也常采用铺陈的手法,与"赋"铺陈议论不同,"辞"中的铺陈常常用来抒情。

结合《归去来兮辞》具体语句,分析作者在抒发回归田园之乐时,是如何运用铺陈手法的。

示例一:

归家乐	→	日常乐	→	出游乐
归心似箭		饮酒自遣		重审心志
抵家之欢		涉园成趣		结交乡故
家中景况		观景忘返		出游方式
				所见所感

作者先想象归家途中和抵家以后的情状,"舟遥遥以轻飏,风飘飘而吹衣",写船行顺风,轻快如飞,而心情的愉快亦尽在其中。"乃瞻衡宇,载欣载奔",写初见家门时的欢欣雀跃之态。"引壶觞以自酌,眄庭柯以怡颜。倚南窗以寄傲,审容膝之易安。"这四句写尽饮酒自乐和傲然自得的情景。"园日涉以成趣,门虽设而常关。策扶老以流憩,时矫首而遐观。云无心以出岫,鸟倦飞而知还。景翳翳以将入,抚孤松而盘桓。"这八句写涉足庭园,情与景遇,悠然有会于心的境界。作者反复铺陈,写出种种怡颜悦性的情事和令人流连忘返的景色,展现了一个与恶浊的官场截然相反的美好境界。

示例二:

"三径就荒,松菊犹存",这里的松菊犹存,比喻坚芳之节仍在。"引壶觞以自酌,眄庭柯以怡颜",端起酒壶酒杯自斟自饮,观赏着庭树使我开颜,这里的庭树应当是松树。"景翳翳以将入,抚孤松而盘桓",这一句中再次描写松树,以示孤高坚贞之节有如此松。陶渊明不为五斗米而折腰,人格自然是高洁,在这三句话中,作者通过铺陈,反复描写松树,彰显其高洁品行。陶渊明高洁的情操、政治理想与黑暗的现实政治之间的矛盾冲突,致使其最终还是走上了归隐之路。

四、拓展延伸

比较王羲之《兰亭集序》和陶渊明《归去来兮辞》中展现出的生命观的异同。

示例:

相同之处:"人的觉醒"和"山水的发现",是魏晋时代文士对生命和自然的思考。都曾受到儒家思想的深刻影响;也深受老庄崇尚自然的思想影响。

不同之处:《兰亭集序》感叹欢乐的易逝、人生的短暂,对此感到痛苦,想要超越生死,希望将生命延长,有所作为;《归去来兮辞》"形字内复几时",把生命与自然融为一体,顺应自然,走向生命的尽头。

五、课堂总结

陶渊明的归隐既有坚决也有无奈。陶渊明对官场的黑暗表现出强烈的不满和无奈,虽然他有着高洁的情操和出仕的政治理想,但是无法照亮整个官场,他遵从内心所想,最终回归到田园过着躬耕生活。

六、板书设计

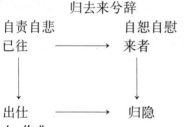

归去来兮辞

自责自悲　　　　自恕自慰
已往　　━━━━▶　来者

出仕　　━━━━▶　归隐

七、作业

1.下列句中"而"的意思和用法与例句中"而"字相同的一项是:(　　)

例句:临清流而赋诗

A.觉今是而昨非　　　　B.门虽设而常关
C.时矫首而遐观　　　　D.泉涓涓而始流

2.在《归去来兮辞(并序)》这篇课文中,除了"而","以"也多次出现,请同学们整理课文中"以"字的意义和用法。

内蒙古兴安盟扎赉特旗音德尔第一中学语文组　孙盟

千古忠贞千古仰　一生清醒一生忧

——《屈原列传》人物形象感知

【文体知识与教学设想】

《屈原列传》选自《史记》，是人民教育出版社高中语文选择性必修中册第三单元中的一篇课文。

鲁迅在《汉文学史纲要》中评价司马迁所著的《史记》："恨为弄臣，寄心楮墨，感身世之戮辱，传畸人于千秋，虽背《春秋》之义，固不失为史家之绝唱，无韵之《离骚》矣。"鲁迅所说的《春秋》之义，是指春秋笔法而言，与把对历史人物的褒贬寄寓在曲折的写法中不同，《史记》的主观色彩和抒情性是历朝历代"正史"中最浓厚的、最突出的。

屈原其人其事，先秦史籍均未记载，至司马迁撰《史记》，方为屈原专门作传，概述其生平事迹。我们现在了解屈原的生平事迹，除了其他作品中的管窥蠡测，基本是靠这篇传记。司马迁被处腐刑，但为创作《史记》忍辱偷生，其人生命运与屈原类似，于是有惺惺相惜的情感，司马迁为屈原所作的这篇传记，别具一格，字里行间充满着浓厚的赞颂、同情、悲叹。在写法上，《屈原列传》贯彻了《史记》注重记录言行和对比的特点。为了弥补史料的不足，司马迁在简略叙述屈原几次事迹的中都采用了人物语言描写，通过个性化的人物语言，深刻地揭示历史人物的人性。司马迁记叙了与屈原相关的重大历史事件，虚构了屈原与渔夫的对话，通过屈原与楚怀王、佞臣靳尚、令尹子兰、渔夫等人的对比，揭示了屈原个人的身世浮沉与家国生死存亡的内在联系，充分彰显了他的爱国精神和正道直行的品德。司马迁还采用了夹叙夹议的写法，议中寓情，议中寓理，处处流露出作者的郁郁不平之情和对屈原命运的叹惋，体现了作者"究天人之际，通古今之变，成一家之言"的写作宗旨。

该篇课文是经典的文言文篇目，课文篇幅较长，文言文基础知识难度大，文化背景深厚，而我的学生来自西藏各地市，汉语基础相对较弱，上面提及的这篇课文的特点都是学生学习的难点。本单元要求学生达到"研习史传作品，领略人物风采"和"继承和弘扬中华优秀传统文化"的学习目标。本单元又属于"中华传统文化经典研习"学习任务群的第二个专题，单元主题界定为"回到历史现场"，意在引导学生回到特定的历史文化现场，客观、辩证地认识作品中的人物。

基于上述对文体特点、单元教学要求以及学情的分析，我把"感知人物形象"作为本节课的教学重点，通过反复地、多种形式地诵读课文片段和相关文本，来引领学生感知屈原形象，并通过读写结合的方式，深入体会屈原的精神品质。

【教学目标】

1. 反复诵读，感知屈原人物形象。

2. 学习文中使用对比手法，表现人物形象的手法。

3. 读写结合,将屈原的形象具化,理解屈原的家国情怀。

【教学重点】
反复诵读,感知屈原人物形象。

【教学难点】
学习文中使用对比手法,表现人物形象的手法。

【教学过程】
一、课堂导入
　　屈原,一位让世代中华儿女年年记起的先祖,一个让历代文人士子朝诵夜吟的巨擘,是我们这个民族灿烂精神篇章中的一个厚重标题。但他又像遥远的夜空中闪耀的明星,我们可望却不可及。希望通过今天这节课,我们能离这位两千多年前伟大的独行者更近一些。

二、整体感知
　　请同学们浏览课文,划分层次,并概括大意。
　　示例:
　　课文是《史记·屈原贾生列传》的节选,共 12 段,可以分为以下几部分:
　　第一部分(第 1 至第 3 段),写屈原由被楚怀王重用到被疏远的过程,并写了屈原创作《离骚》的原因以及对《离骚》的高度评价。
　　第二部分(第 4 段至第 9 段),写屈原由被疏远到被流放。
　　第三部分(10 段至 11 段),写屈原之死及其影响。
　　第四部分(12 段),写自己对屈原不幸的悲伤及对屈原高尚品德的赞叹。
　　教师补充:
　　通过梳理课文内容,我们可以发现,屈原的一生大致可以概括为四个阶段:
　　"王甚任之"——"王怒而疏"——"放流阶段"——"王怒而迁"

三、问题探究
　　探究屈原性格特点及其精神品质。
　　请你概括课文记述了屈原哪几件事,并分析人物言行,总结屈原是一个什么样的人。
　　示例:
　　屈原因具有政治才能而被楚怀王重用;屈原受上官大夫的构陷而被楚怀王疏远;屈原因忧愁忧思而创作《离骚》;屈原劝谏楚怀王杀掉张仪;屈原再次受到上官大夫的构陷,被楚王流放;屈原与渔夫对话,创作《怀沙赋》并自沉汨罗江。
　　才华横溢:博闻强志,明于治乱,娴于辞令;虽与日月争光可也。
　　正道直行:屈平疾王听之不聪也,谗谄之蔽明也,邪曲之害公也,方正之不容也,故忧愁幽思而作《离骚》。
　　忠君爱国:屈平既嫉之,虽放流,眷顾楚国,系心怀王,不忘欲反。冀幸君之一悟,俗之一改也。其存君兴国,而欲反覆之,一篇之中,三致志焉。
　　品行高洁:举世混浊而我独清,众人皆醉而我独醒,是以见放。吾闻之,新沐者必弹冠,新浴者必振衣。人又谁能以身之察察,受物之汶汶者乎?宁赴常流而葬乎江鱼腹中耳。又安能以皓皓之白,而蒙世之温蠖乎?

头脑清醒:劝谏楚怀王杀掉张仪。

四、拓展探究

探究《屈原列传》中对比手法的作用。

(一)在课文《屈原列传》中,有一段"张仪欺楚"的精彩故事,请同学们找到课文相关内容并诵读。

屈原既绌,其后秦欲伐齐,齐与楚亲,惠王患之。乃令张仪去秦,厚币委质事楚,曰:"秦甚齐,齐与楚从亲,楚诚能绝齐,秦愿献商之地六百里。"楚怀王贪而信张仪,遂绝齐,使使如秦受地。张仪诈之曰:"仪与王约六里,不闻六百里。"楚使怒去,归告怀王。

(二)除了"张仪欺楚"的故事,课文第4段至第9段还记述了几件与屈原相关的历史事件,作者记述这几件事的目的是什么?

示例:

课文第4段至第9段叙述楚国和齐、秦的关系,从历史的教训来证明屈原联齐抗秦的主张的正确。这一部分主要记述了以下几件事:张仪三次欺骗楚国,楚国内政外交军事上的接连失败,楚怀王客死他乡,子兰和上官大夫构陷屈原,顷襄王放逐屈原等。

作者记述这些重大历史事件,突出了屈原的个人遭遇与楚国命运息息相关,揭示了楚怀王的昏庸无能和子兰、上官大夫的阴险,通过对比,突出了屈原卓越的政治才能和高尚的品德,同时揭示了屈原不幸遭遇的原因。

五、情感升华

全班分角色朗读,赞颂伟大的屈原。

(女生领读)屈原抱起一块石头,心沉似石,心坚亦似石!

(男生领读)他要将他的一颗忠心、一腔热血,托付于故国的江流。

(女生齐读)屈原用自己的生命,把"爱"和"忠贞"的注解篆刻在黑暗的天幕,那泣血的文字如天火,照亮了中华民族历史的星空。

(男生齐读)中华民族之所以屹立于血雨腥风而不倒,横亘古今而不绝,就是因为有屈原这样的皎皎北辰,巍巍昆仑!

(全班齐读)悲哉,屈原! 美哉,屈原! 壮哉,屈原!

六、课堂总结

在《屈原列传》中,司马迁对才华横溢、正道直行、忠君爱国、品行高洁、头脑清醒、矢志不渝的屈原倾注了无限的感情,他们的遭遇相似,一个受到小人的排挤,被君主疏远;一个因为被人说了几句公道话,而被捕下狱,遭受宫行。所以司马迁在《屈原列传》中包含着自己的思想与感情,他要借他人之杯浇胸中块垒。屈原以其不朽的《离骚》留给后人,而司马迁以《史记》而名垂青史,他们用不同的方式表达了自己的人生目标,令人叹服,也给我们以启迪:人应勇敢地去追求自己的目标。

七、板书设计

屈原列传

正道直行 ⎫
忠君爱国 ⎬ 屈原　品行高洁 ⎫
才华横溢 ⎭　　　　头脑清醒 ⎬

八、作业

学校文学社团要展演话剧《屈原》,作为屈原的形象设计师,请你设计一个你心目中的屈原形象。

任务(一)

为人物形象设计场景、服装、配饰、发型等造型。

示例:

初夏,汨罗江畔,屈原穿着一件破旧外袍,头发花白,凌乱地披散着。衣襟前没有佩带的香囊、玉带。

任务(二)

在 AI 绘画工具中输入我们设定的提示词,无论写实还是抽象,就能生成相应的图像。请你根据任务(一)设计的造型,输入提示词,让 AI 绘画工具帮你绘制屈原形象。

示例:

屈原穿着一件破旧外袍,独走在汨罗江畔。江风吹乱了他披散着的花白的头发。他脸上皱纹的深深浅浅,面色憔悴、形容枯槁。目光迟滞,透露着众人皆醉我独醒的孤独和家国将亡的绝望。他就这样怅然地走着,不知道要去哪里。

任务(三)

为人物形象设计一句台词,并说明这句台词要表现的人物品质。

示例:

"举世皆浊我独清,众人皆醉我独醒"。

这句话表现了屈原即使被流放,仍不改初心,坚持心中真理,不随波逐流的品质。

西藏自治区拉萨北京实验中学语文组　张祎

石榴花开照眼明——跨区域多校联动教研成果汇编

深谋远虑与雄而不英

——《鸿门宴》中的对比艺术

【文体知识与教学设想】

《史记》是西汉史学家司马迁撰写的纪传体史书,是中国历史上第一部纪传体通史,分本、纪、表、书、世家、列传五部分。其中,"本纪""世家""列传"三部分,占全书的大部分篇幅,都是以写人物为中心来记载历史的。《史记》的叙事写人都围绕"究天人之际,通古今之变"的宗旨,司马迁非常注重对事件因果关系的更深层次的探究,不是一般地描述历史进程和人物的生平事迹,而是对历史规律和人物命运进行深刻的思考,透过表象去发掘本质,通过偶然性去把握必然规律。这就使得《史记》的人物传记既有宏伟的画面,又有深邃的意蕴,形成了雄深雅健的风格。在刻画人物形象时,司马迁注重运用个性化的语言和细节描写来表现人物性格,注重正面描写与侧面描写、特写相结合,突出人物形象,擅长运用对比映衬的方法,在矛盾冲突中表现人物。

《项羽本纪》是《史记》中最重要、最精彩的篇章之一,从历史的角度说,生动记录了楚汉相争时期波澜壮阔的历史风云,从文学上说,本文是中国散文中最早的以人物为中心的叙事艺术杰作。《鸿门宴》节选自《史记·项羽本纪》,是人民教育出版社高中语文必修下册第一单元中的一篇课文。鸿门宴是项羽在新丰鸿门举行的一个暗藏杀机的宴会。这个宴会是刘项两个政治集团之间的矛盾由潜滋暗长到公开明朗的生动表现,是漫长的"楚汉相争"的序幕。这个宴会上,充分展示了刘项矛盾的不可调和性,司马迁采用对比手法,展现了刘项迥异的性格特点,揭示了斗争双方的必然结局。作者还把次要人物放在一起进行对比,在展现这些人物相似性的同时,揭示其不同的个性特征,对主要人物起到了烘托映衬作用。

基于上述对教材文体特点的认识,本节课主要引领学生通过鉴赏对比的手法来分析人物形象,掌握《史记》这一类史传文描写人物的一般方法,学会理性评价历史叙述中体现的思想、观念,认识历史人物和历史事件。

【教学目标】

1. 细读文本,把握主要人物性格特点。
2. 鉴赏对比手法,掌握史传类文本描写人物的一般方法。
3. 评价历史人物,鉴古观今,完善人格修养。

【教学重点】

鉴赏对比手法,掌握史传类文本描写人物的一般方法。

【教学难点】

评价历史人物,鉴古观今,完善人格修养。

【教学过程】

一、课堂导入

"力拔山兮气盖世,时不利兮骓不逝;骓不逝兮可奈何,虞兮虞兮奈若何!"项羽这首绝命诗既有英勇气概的写照,也有英雄末路的哀鸣。自诩"力拔山、气盖世"的项羽为什么会落入穷途末路的境地呢? 今天我们一起来学习《鸿门宴》这篇课文,通过项羽与刘邦的对比,来分析人物形象,探究英雄末路的原因。

二、整体感知

"鸿门设宴"是这篇文章的中心事件,请你按照中心事件分化文章层次,并概括每一部分主要内容。

示例:

全文以"鸿门设宴"为中心事件,以"杀不杀刘邦"为故事线索,按时间顺序展开故事情节,可按照"鸿门宴"的前后过程,分为宴前、宴中与宴后三个部分:

1—2 段:宴会前(幕后活动)　　无伤告密 范增献计 项伯夜访 刘邦定策 项伯说情

3—4 段:宴会中(明争暗斗)　　沛公谢罪 范增示意 项庄舞剑 张良告急 樊哙闯帐 义责项羽

5—7 段:宴会后(脱身除患)　　刘邦脱身 张良留谢 刘邦除奸

三、问题探究

《鸿门宴》叙述了波澜起伏的故事情节,塑造了栩栩如生的人物形象。在刻画人物形象时,作者注重运用个性化的语言和细节描写,通过对比的方法来表现人物性格。作者主要采用了三种对比的方法:一是把性格迥异的人物放在一起进行对比,二是通过人物前后言行的反差进行对比,三是同中求异,把形似的人物放在一起进行对比。

探究一:

请同学们阅读文章,结合具体文段,从以下角度分析比较项羽和刘邦的性格特点:

1.项羽和刘邦对谋士的态度。

2.项羽和刘邦对内奸的态度。

3.鸿门宴座次的安排及项羽和刘邦的言行。

示例:

1.项羽对范增的建议轻易转变态度,表现了他刚愎自用和缺乏远见。刘邦对张良既有保留,又从善如流,表现了他城府深沉,并能够根据形势发展快速调整策略的灵活与清醒。

2.项羽轻易地出卖了内奸曹无伤,一方面表现了项羽胸无城府,另一方面表现了项羽自信于即使没有细作的情报也无妨,更深层次地表现了他的自负;而刘邦极力拉拢项伯,表现他善于笼络人,从鸿门宴脱险回到军中,立诛杀曹无伤,表现了他的果断。

3.项羽在鸿门宴上居于上座,表现了他傲慢的性格。项羽未把刘邦视为主要对手,不愿弄小谋于席间杀人,加上刘邦很给他面子,使他有了妇人之仁。樊哙陈词,虽有指责,但把他看得比怀王更高,故意迎合他自矜功伐的心理,使项羽对樊哙也采取了宽容的态度。项羽对刘邦和樊哙的态度主要表现了他自负的性格特点。

项羽对项庄听之任之的态度表现了他优柔寡断的性格。刘邦赴鸿门谢罪,虽有项伯居中调停,其实是身入虎穴,命运难卜,但非此不足以平息项羽之怒,仍如约而往,在宴会上居于下座,安之若素,谦辞卑礼,唯恐有所不周。这些表现了刘邦果断、能屈能伸,以及能言善辩、狡诈多端的性格特点。

探究二:

从"旦日飨士卒,为击破沛公军"到许诺项伯不攻打刘邦,一日之间项羽的态度发生了 180 度转变。请同学们阅读下面的两个文段,思考如下两个问题并分析项羽的性格特点:

1.无伤告密,项羽大怒,为什么怒? 2.面对项伯的劝说项羽为什么改变主意?

文段一:

沛公军霸上,未得与项羽相见。沛公左司马曹无伤使人言于项羽曰:"沛公欲王关中,使子婴为相,珍宝尽有之。"项羽大怒曰:"旦日飨士卒,为击破沛公军!"

文段二:

于是项伯复夜去,至军中,具以沛公言报项王。因言曰:"沛公不先破关中,公岂敢入乎? 今人有大功而击之,不义也。不如因善遇之。"项王许诺。

示例:

项羽大怒要攻打刘邦的原因是刘邦"欲王关中"的行为挑战了自己的权威和尊严,项伯的劝说满足了自己的虚荣心。项羽没有理性分析形势,一味沉浸在自己盲目自信的小世界里。作者通过项羽前后言行的对比,表现了他自负、优柔寡断的性格特点。

探究三:

在《鸿门宴》中,作者还把次要人物进行对比,揭示其不同的个性特征。例如,同样是足智多谋的张良和范增,在给主帅出谋划策时,由于自身个性不同的原因,效果迥异。

请你阅读下面两段文字,分析讨论张良和范增这两个人物形象,并指出两人游说结果不同的原因。

文段一:

良乃入,具告沛公。沛公大惊,曰:"为之奈何?"张良曰:"谁为大王为此计者?"曰:"鲰生说我曰:'距关,毋内诸侯,秦地可尽王也。'故听之。"良曰:"料大王士卒足以当项王乎?"沛公默然,曰:"固不如也。且为之奈何?"张良曰:"请往谓项伯,言沛公不敢背项王也。"沛公曰:"君安与项伯有故?"张良曰:"秦时与臣游,项伯杀人,臣活之;今事有急,故幸来告良。"沛公曰:"孰与君少长?"良曰:"长于臣。"沛公曰:"君为我呼入,吾得兄事之。"张良出,要项伯。

文段二:

范增数目项王,举所佩玉玦以示之者三,项王默然不应。

示例:

危在旦夕之际,张良详细地把严峻形势告诉刘邦,"料大王士卒足以当项王乎?"一句话让处在"欲王关中"膨胀心理中的刘邦快速清醒和冷静下来。张良进一步暗示刘邦,在实力相差悬殊的情况下,外交手段是解决危机的一线生机。张良没有直接提出让一向高傲的刘邦只身犯险、委曲求全,而是小心谨慎、循循善诱,在维护刘邦颜面的前提下,一步步诱导刘邦接受自己的建议。张良还洞察到刘邦对自己的质疑,详细地解释自己和项伯的关系,打消刘邦的顾虑,取得刘邦对自己的信任。

反观范增,"数目项王",反复举起玉玦提醒项羽杀掉刘邦,这些都表现了他的急躁,也表现了他的妄自尊大。范增的举动,项羽看在眼里,在座的所有人也都会看到,自负的项羽的心理会怎样? 我才是天下盟主,怎么会听你范增在众人面前对我指手画脚,"默然不应"必然是范增游说的结局。

四、拓展探究

(一)请同学们在对比的基础上总结项羽和刘邦这两个人物形象的特点。

示例:

1.项羽的性格特点:

胸无城府,缺乏远见:听完曹无伤的告密,便立即决定进攻;听完项伯的游说,便放弃进攻。

刚愎自用,优柔寡断:谋士范增献计,先纳计后食言;宴会上范增举玦示意,默然不应。

沽名钓誉,妇人之仁:经刘邦一番貌似心诚的话语吹捧,便放弃进攻,对武士樊哙的态度更是如此。

寡谋轻信,自大轻敌:对项伯盲目听信,对范增的话置若罔闻。

2.刘邦的性格特点:

机智狡诈,圆滑机警:拉拢项伯,先责己是智,骂鲰生、责告密者则是诈。

能屈能伸,冷静从容:先破秦先道歉,居下座无怨言。

知人善任,善纳忠言:以张良为佐并听从其建议。

遇事冷静,当机立断:得知项羽要攻打自己时,他当机立断,接受张良的建议,拉拢项伯。宴会上得知是曹无伤告密后,他不动声色,可回军营后"立诛杀曹无伤"。

(二)性格决定命运,请同学从性格的角度分析讨论造成刘项成败的原因。

示例:(略)。

五、课堂总结

《鸿门宴》是《史记》中极其精彩的一篇,史圣司马迁对这位失败的英雄倾注了太多的感情,使其具有久远的人格魅力。可以说巨鹿之战的辉煌胜利使项羽丧失了自己的判断能力,也构成了他对战争一种近乎盲目的崇拜,并进一步铸就了他的悲剧性格。他的精神世界里唯一的支柱或许就是每次战斗的胜利。项羽不屑小计谋是真诚的,他梦想用他所崇尚的武力去解决一切问题,最终英雄末路。项羽用性格的笔写下独特的人生篇章,算是一种对自己的薄奠。无论是独夫的刚愎自用还是英雄的顾盼无奈,无论是扛鼎拔山还是别姬自刎,光照至今的永是夕阳般的辉煌与悲壮。

六、板书设计

鸿门宴

宴会前(幕后活动)　　　　　　　主要人物对比

宴会中(明争暗斗)　　　　对比　　人物前后对比
宴会后(脱身除患)　　　　　　　次要人物对比

七、作业

在《鸿门宴》中,司马迁善于运用对比的手法,突出人物性格。除了项羽与刘邦,范增与张良,作者还把哪些人物进行了对比?请你选择一组人物,撰写一篇微写作,分析作者是如何进行对比的,通过对比作者塑造了人物什么样的性格特点。

要求:所选事例恰当,结合文章具体内容,语言通顺,条理清楚,200字左右。

内蒙古兴安盟扎赉特旗音德尔第一中学语文组　张继龙

石榴花开照眼明——跨区域多校联动教研成果汇编

英雄气短悲歌长　千年文化意蕴藏

——《鸿门宴》人物形象分析

【文体知识与教学设想】

《鸿门宴》是人民教育出版社高中语文必修下册第一单元中的一篇课文，节选自《史记·项羽本纪》，是古代史书中的经典，详细描绘了鸿门宴的前因后果，包括曹无伤告密、项伯夜会张良、范增劝项羽攻沛公以及鸿门宴上的剑拔弩张等情节。这些描述不仅生动地再现了历史事件，还通过人物的对话和行为深刻揭示了他们的性格特点，人物形象鲜明，是脍炙人口的叙事名篇。

史传文学是中国叙事文学的重要一部分，它具有历史文学的一般特性，兼有历史纪录与文学艺术两种成分。从文学的角度看，它是以历史事件为题材，重在描写历史人物形象的文学作品；从史学的角度看，它是通过运用文学艺术的手法，借历史事件与历史人物的描述，来表达一定历史观的著作。《鸿门宴》很好体现了《史记》"无韵之离骚"的特点，相比于叙事简单的《左传》，其内容更为丰富，细节更多，可供评析的人物素材也多。

人物塑造的复杂性是史传文学的鲜明特点之一。史传文学的主人公通常是历史上的重要人物，这些人物的性格、经历和成就都具有极高的复杂性。因此，史传文学在塑造人物形象时，充分挖掘人物的内心世界，展现其丰富的性格特点，使人物形象更加立体和鲜活。如：《史记》中的韩信形象具有丰富的层次感，作者通过井陉之战和潍水之战的描述，展现了韩信足智多谋的一面；同时，作者又通过他与刘邦的论辩、不听蒯通劝告等情节，揭示了他性格中的善良和轻信，使人物形象更加立体和真实。刘邦是《史记》中另一个生动的例子，作者通过一系列细节描写，如他在鸿门宴上的表现，以及与萧何的互相猜疑等，展示了刘邦深谋远虑、善于纳谏的性格特征。这些细节不仅丰富了刘邦的形象，也反映了司马迁在人物塑造上的匠心独运。综上所述，史传文学塑造人物形象复杂性时，在人物塑造方面的复杂性时，常常通过细腻的语言描写、丰富的细节刻画、多层次的性格展示等手法，使人物形象既具有鲜明的个性，又反映出普遍的共性。这种复杂的人物塑造手法，不仅增强了作品的艺术魅力，也使其在历史叙述中更具深度和广度。

基于上述对文体知识的分析，本节课注重从人物形象入手，结合表达任务，引导学生在细读文本的基础上深入思考，明白即使是英雄也会因为自负而失败，以古鉴今，理解"满招损，谦受益"的道理，完善人格修养。

【教学目标】

1. 品读文章，通过细读文本，分析项羽性格特点，探究其失败的根本原因。

2. 以古鉴今，升华认识，理解"满招损，谦受益"的道理，完善人格修养。

【教学重点】

品读文章，通过细读文本，分析项羽性格特点，探究其失败的根本原因。

【教学难点】

以古鉴今,升华认识,理解"满招损,谦受益"的道理,完善人格修养。

【教学过程】

一、课堂导入

力拔山兮气盖世,时不利兮骓不逝。骓不逝兮可奈何,虞兮虞兮奈若何!

——《垓下歌》项羽

于是项王乃欲东渡乌江。乌江亭长舣船待,谓项王曰:"江东虽小,地方千里,众数十万人,亦足王也。愿大王急渡。今独臣有船,汉军至,无以渡。"项王笑曰:"天之亡我,我何渡为!且籍与江东子弟八千人渡江而西,今无一人还,纵江东父兄怜而王我,我何面目见之?纵彼不言,籍独不愧于心乎?"乃谓亭长曰:"吾知公长者。吾骑此马五岁,所当无敌,尝一日行千里,不忍杀之,以赐公。"乃令骑皆下马步行,持短兵接战。独籍所杀汉军数百人。项王身亦被十余创。顾见汉骑司马吕马童,曰:"若非吾故人乎?"马童面之,指王翳曰:"此项王也。"项王乃曰:"吾闻汉购我头千金,邑万户,吾为若德。"乃自刎而死。

——《史记·项羽本纪》

项羽自述"时不利兮""天之亡我",他将失败的原因归于时运不济,真的仅是如此吗?

示例:

结合《史记·项羽本纪》对项羽结局的记述,感受项羽重情重义、骁勇善战的性格特点,借助项羽自述"天之亡我",引导学生探究项羽之死的真正原因。

二、整体感知

1. 回顾旧知

《鸿门宴》按照情节发展可以分为几部分?

第一部分(1—2段)宴会前(幕后活动)

第二部分(3—4段)宴会中(明争暗斗)

第三部分(5—7段)宴会后(脱身除患)

2.《鸿门宴》采用了人物对照法,其中有两个主角,上节课我们分析过了刘邦,他是一个知人善用的人,与之相比,项羽是一个怎样的人?他们在对待谋士和敌方将领的方式上有何不同?请同学们从《鸿门宴》中找出能够反映项羽性格特点的语句,并用准确精练的词语在旁边评点。

【明争暗斗:刘邦道歉,项羽摊底】

沛公旦日从百余骑来见项王,至鸿门,谢曰:"臣与将军戮力而攻秦,将军战河北,臣战河南,然不自意能先入关破秦,得复见将军于此。今者有小人之言,令将军与臣有郤。"项王曰:"此沛公左司马曹无伤言之。不然,籍何以至此。"

问题:项羽听了刘邦假惺惺的赔礼道歉后,说"此沛公左司马曹无伤言之"。和刘邦拉拢同为细作的项伯相比,这反映了项羽什么样的性格特点?

示例:

胸无城府;轻视小人,不想保护;对自己实力的绝对自信,失去细作也不在乎。

【明争暗斗：项羽留饮，位分尊卑】

项王即日因留沛公与饮。项王、项伯东向坐；亚父南向坐，——亚父者，范增也；沛公北向坐；张良西向侍。

问题：从鸿门宴的座位安排上，我们可以看出什么？

示例：

坐西向东为最尊，次为坐北向南，再次为坐南向北，坐东向西侍坐。鸿门宴中"项王、项伯东向坐"，是最上位，范增南向坐，是第二位，再次是刘邦，张良则为侍坐。一方面体现了两方实力悬殊，项羽力量强大，另一方面也体现了项羽性格自大。

【明争暗斗：范增举玦，项羽默然】

范增数目项王，举所佩玉玦以示之者三，项王默然不应。范增起，出，召项庄，谓曰："君王为人不忍。若入前为寿，寿毕，请以剑舞，因击沛公于坐，杀之。不者，若属皆且为所虏！"

问题：刘邦数次问张良"为之奈何"，听取建议，与之相比，范增"数目项王，举所佩玉玦以示之者三"，项王却"默然不应"，原因何在？

示例：

"为人不忍"，不愿乘人之危；刘邦称臣谢罪，杀之不义；太看重武力和荣誉，重视名誉；项羽性格本身心高气傲，刚愎自用。

【小结】

	细作	敌方将领	谋士
刘邦	拉拢项伯	谢罪做小伏低	两次"为之奈何"
项羽	出卖曹无伤	给刘邦安排第三等的座位	默然不应

通过和刘邦的对比，我们更加清晰地分析出了项羽的性格特点。其实，不只是《鸿门宴》，司马迁在《史记》中常常采用对比的手法刻画人物形象，即人物对照法，例如咱们学习过的《廉颇蔺相如列传》等。

三、问题探究

1. 性格决定命运，你认为项羽性格中哪一点决定其失败的命运？

自矜功伐，奋其私智而不师古，谓霸王之业，欲以力征经营天下，五年卒亡其国，身死东城，尚不觉寤而不自责，过矣。乃引"天亡我，非用兵之罪也"，岂不谬哉！

——司马迁评项羽：自矜功伐

示例：

自矜功伐或自负。《鸿门宴》集中表现了项羽自矜功伐又为人不忍的性格。在获悉刘邦"籍吏民，封府库"，等待他来处理的时候，项羽就放弃了进攻的打算。面对谋士范增的建议，项羽默然不应，这是因为他未把刘邦视为主要对手，不愿弄小谋在席间杀人，加上刘邦很给他面子，满足了他自负的虚荣心。自矜功伐使项羽难以听取谋士的建议,放走了刘邦,这导致他虽一时成功,最终不免于失败。

2.除不听范增建议和放掉刘邦外,文中还有哪些细节能够体现项羽的自负?

【幕后活动:无伤告密,项羽大怒】

沛公军霸上,未得与项羽相见。沛公左司马曹无伤使人言于项羽曰:"沛公欲王关中,使子婴为相,珍宝尽有之。"项羽大怒曰:"旦日飨士卒,为击破沛公军!"

问题:刘邦"王关中"没有背约,项羽为什么勃然大怒?从"怒"字中可以看出项羽怎样的性格?

示例:

轻信细作、轻率耿直;轻狂自大,不可一世。

【幕后活动:项伯劝说,项羽许诺】

于是项伯复夜去,至军中,具以沛公言报项王。因言曰:"沛公不先破关中,公岂敢入乎? 今人有大功而击之,不义也。不如因善遇之。"项王许诺。

问题:既然已经传令"飨士卒",击沛公,为什么项伯一席话让他改变了主意?

示例:

自大的心理得到满足——自负(关键)

有功而击之,不义——重义

重用亲信——重情

轻易改变决定——优柔寡断

【明争暗斗:樊哙闯帐,项羽赞许】

樊哙侧其盾以撞,卫士仆地。哙遂入,披帷西向立,瞋目视项王,头发上指,目眦尽裂。项王按剑而跽曰:"客何为者?"张良曰:"沛公之参乘樊哙者也。"项王曰:"壮士!——赐之卮酒。"则与斗卮酒。哙拜谢,起,立而饮之。项王曰:"赐之彘肩。"则与一生彘肩。樊哙覆其盾于地,加彘肩上,拔剑切而啖之。项王曰:"壮士! 能复饮乎?"樊哙曰:"臣死且不避,卮酒安足辞! 夫秦王有虎狼之心,杀人如不能举,刑人如恐不胜,天下皆叛之。怀王与诸将约曰:'先破秦入咸阳者王之。'今沛公先破秦入咸阳,毫毛不敢有所近,封闭宫室,还军霸上,以待大王来。故遣将守关者,备他盗出入与非常也。劳苦而功高如此,未有封侯之赏,而听细说,欲诛有功之人,此亡秦之续耳。窃为大王不取也!"项王未有以应,曰:"坐。"樊哙从良坐。

问题:樊哙闯帐,可谓无礼,为何项羽不但没有恼怒,反而称之为"壮士",面对樊哙的责问也没有生气?

示例:

项羽称赞樊哙"壮士",有他欣赏樊哙闯帐之勇的原因,更重要的是他自负于自身能力,不惧刺杀;樊哙陈词,虽有指责,但把他看得比怀王更高,迎了项羽自负的心理。

四、拓展延伸

1.阅读拓展资料,进一步分析造成项羽自负的原因。

项羽已杀卿子冠军,威震楚国,名闻诸侯。……当是时,楚兵冠诸侯。诸侯军救巨鹿下者十余壁,莫敢纵兵。及楚击秦,诸将皆作壁上观。楚战士无不一以当十。楚兵呼声动天,诸侯军无不人人惴恐。于是已破秦军,项羽召见诸侯将,入辕门,无不膝行而前,莫敢仰视。项羽由是始为诸侯上将军,诸侯皆属焉。

示例:

项羽自身实力强大,骁勇善战;自秦军主力被项羽击败,各路诸侯就听命于他,周围人的畏惧、尊敬加剧了他的自负。

2.性格决定命运,项羽因为自负最终兵败,自刎乌江,让我们走进《史记》中吴王夫差的故事,见证又一位因为自负而殒命的英雄。

居二年,吴王将伐齐。子胥谏曰:"未可。臣闻勾践食不重味,与百姓同苦乐。此人不死,必为国患。吴有越,腹心之疾;齐与吴,疥癣也。愿王释齐先越。"吴王弗听,遂伐齐,败之艾陵,虏齐高、国以归。让子胥。子胥曰:"王毋喜!"王怒,子胥欲自杀,王闻而止之。越大夫种曰:"臣观吴王政骄矣,请试尝之贷粟,以卜其事。"请贷,吴王欲与,子胥谏勿与,王遂与之,越乃私喜。子胥言曰:"王不听谏,后三年吴其墟乎!"

……

居三年,勾践召范蠡曰:"吴已杀子胥,导谀者众,可乎?"对曰:"未可。"至明年春,吴王北会诸侯于黄池,吴国精兵从王,惟独老弱与太子留守。勾践复问范蠡,蠡曰"可矣"。乃发习流二千人,教士四万人,君子六千人,诸御千人,伐吴。吴师败,遂杀吴太子。吴告急于王,王方会诸侯于黄池,惧天下闻之,乃秘之。吴王已盟黄池,乃使人厚礼以请成越。越自度亦未能灭吴,乃与吴平。

其后四年,越复伐吴……吴师败……勾践怜之,乃使人谓吴王曰:"吾置王甬东,君百家。"吴王谢曰:"吾老矣,不能事君王!"遂自杀。

示例:

自负导致了吴王夫差走向死亡。

3.自负是一种过度自信和自我高估的态度,常常导致不良后果。在历史上,许多领导者由于自负而导致失败,你从西楚霸王项羽和吴王夫差的失败中学到了什么?

示例:

找到自信与自负之间的界限,做到自信而不自负。自信是好的,但必须与谦虚和明智相结合,否则就会变成自负。自负的人往往认为自己已经是最优秀的,不愿意接受他人的建议和批评。项羽和夫差都是极具自信的领导者,但当他们不肯听与自己想法相悖的良言时,他们的自信就转变成了自负。谦逊是成功的基石之一,只有在自信的同时保持谦逊,才能不断提升自己,适应变化的环境。

从失败中吸取教训。自负的人往往很难承认错误,更难从失败中吸取教训。然而,每一次失败都是一次宝贵的经验,只有能够诚实地面对失败,承认错误,并从中吸取教训,才能真正成长并避免重蹈覆辙。虽然项羽和夫差都遭遇了失败,但这并不意味着他们的人生就完全失败了。失败是成功的一部分,重要的是从失败中吸取教训,不断成长和进步。

重视团队的作用。自负的人可能会忽视团队合作的重要性,倾向于独断专行。

然而,成功往往是团队的努力和协作的结果,一个人很难在所有方面都无所不能。就像项羽面对范增默然不应,而刘邦阵营中的谋士、武将各司其职,团结一致,最终胜利属于刘邦。因此,我们在日常生活中需要学会信任团队成员,善于团队合作,共同解决问题。

五、课堂总结

项羽失败的根本原因在于他的自负,自刎乌江的结局带着浓烈的悲剧色彩,引无数后人感慨英雄气短。正所谓观今宜鉴古,刚才同学们的讨论不仅抒发了自己对英雄末路的叹惋,更是表达了从中吸收到的宝贵经验。希望各位同学能以项羽和夫差的失败为鉴,牢记"谦受益,满招损",谦虚地倾听他人意见,不断吸取教训,成为更好的自己。

六、板书设计

鸿门宴

司马迁

胸襟坦荡 重情重义 骁勇善战 豪爽直率	项羽 自 ↓ 负 失败	轻信他人 优柔寡断 缺乏远见 任人唯亲 居功自傲

七、作业

自负是一种过度自信和自我高估的态度,常常导致不良后果。在历史上,许多领导者由于自负而导致失败,西楚霸王项羽和吴王夫差就是其中的例子。结合上课所学,以"说自负"为题,写一篇不少于700字的议论文。

要求:论点明确,论据充实,论证合理,言流畅,书写清晰。

北京市第十中学语文组　赵萌

倾听理性的声音　感受智慧的力量

——《谏太宗十思疏》中的说理艺术

【文体知识与教学设想】

《谏太宗十思疏》是人民教育出版社高中语文选择性必修下册第八单元中的一篇课文，是唐朝初期名臣魏征写给唐太宗李世民的一篇奏章。

奏章是古代臣子向帝王进言陈事文书的总称。刘勰在《文心雕龙》中提出："秦初定制，改书曰奏。汉定礼仪，则有四品：一曰章，二曰奏，三曰表，四曰议。章以谢恩，奏以按劾，表以陈情，议以执异。"由此可见，古代奏章分类和功能是非常明确的。总的来说，臣子上奏皇帝文书的类别一般有奏、章、表、启、状、议笺、揭帖、制对、题本、奏本、奏折、露布等，大都是由"书"演变而来。"章"是臣子用来谢恩的文体。"奏"是臣子用来弹劾官吏的文体。"表"是臣子用来陈诉个人衷情的文体，具有更多的言情成分，属于散文体裁，例如，诸葛亮的《出师表》，李密的《陈情表》。"疏"是臣子用来向皇帝提建议、意见的一种文体，侧重于提出建议、批评或分析问题，属于议论文体，例如，西汉贾谊的《论积贮疏》提的是建设性意见，而魏征的《谏太宗十思疏》提的是批评性意见。

正因为"疏"这种文体具有提出建议、批评的目的和作用，所以在劝说时往往比较直接，一般比较明确地指出君主的过失，并提出正确的做法，而不是用委婉的言语暗示或者劝告。

与"表"以情动人的作用不同，"疏"主要是通过作者的远见卓识和严密的逻辑来表达关于治国理政的态度、措施等。李斯的《谏逐客书》就具有"疏"的性质，作者开篇指出秦王的过错："臣闻吏议逐客，窃以为过矣"，然后从假设秦国历史上不用客卿就不会有今天的强大、秦王轻视客卿而重视外国的宝物不是统一天下的正确做法、逐客只会损己益人等三个方面，分析逐客的害处，最后鲜明地指出逐客会导致秦国陷于危难之中。最终李斯以自己的卓越识见、顺应历史潮流的进步政治主张说服了秦王。《谏太宗十思疏》有很强的针对性，和《谏逐客书》一样充满了理性的声音和智慧的力量。唐太宗即位以后，借鉴隋朝灭亡的教训，励精图治，唐王朝逐渐走向富强，这个时候，唐太宗逐渐骄奢忘本，大修庙宇宫殿，广求珍宝，四处巡游，劳民伤财。在此背景下，魏征上疏指出唐太宗的过失并提出正确的做法。

基于上述对文体知识的分析，本节课重点带领学生把握作者的观点、态度和语言特点，理解作者阐述观点的方法和逻辑，倾听理性的声音，"观今宜鉴古，无古不成今"，汲取人生的智慧。

【教学目标】

1. 了解作者、作品、写作背景及相关的文体知识，掌握本文出现的文言词语等各种文言现象。

2. 通过通读全文，厘清文章的基本脉络，说出"十思"内容及领悟"十思"在当时的作用和今天的借鉴意义。

3.通过文本分析,归纳文章观点,赏析魏征高超的劝谏艺术,体会作者的精神品格,培养学生对国家、社会的责任感、使命感。

【教学重点】

理解"十思"的内容和作用。

【教学难点】

品味文章的劝谏说理艺术,涵养勇于担当的精神品格,培养学生对国家、社会的责任感、使命感。

【教学过程】

一、课堂导入

唐太宗李世民登基之初,吸取隋炀帝覆亡的教训,励精图治,节私欲,明赏罚,听取下级的劝谏,经过十几年的治理,开创了百姓富足、社会安定、国力富强的"贞观之治"。可到了贞观中期,因为边防巩固,国家安定,太宗逐渐骄奢忘本,兴建宫殿苑囿,广求珍宝,劳民伤财,竭诚纳谏之心日见淡薄。此外还有畋猎频繁,颇失其度;责罚偏严,时有轻重;用人欠当,远贤近佞的问题等。魏征对此十分忧虑,在群臣齐唱赞歌时,一年连上四次奏章,《谏太宗十思疏》就是其中著名的一篇。唐太宗接到奏章后,感到很惭愧,亲手写了诏书答复魏征,承认自己的过失,赞扬魏征的劝告,并将奏章放在案头上,作为警戒。

"疏"是臣子用来向皇帝提建议、意见的一种文体,侧重于提出建议、批评或分析问题,《谏太宗十思疏》就是魏征针对唐太宗上述问题写的一篇批评性的奏章,今天我们一起学习这篇文章,了解历史上有为之士的远见卓识和勇于担当的精神。

二、整体感知

(一)解读题目

【谏】指的是旧时规劝君主或者尊长。

【十思】我们知道这是魏征劝谏太宗的内容。

【疏】有"分条陈述"的意思,在此处是一种文章体裁,是引申义,指臣下给皇帝的奏疏、奏章、奏议。

(二)拓展链接

讽——用委婉的言语暗示或劝告。《邹忌讽齐王纳谏》

谏——直言规劝,使改正错误。《谏太宗十思疏》

谤——公开指责别人的过失。《周公谏厉王止谤》

讥——指责别人的过失。"谤"是公开指责,"诽"是背地里议论,"讥"是微言讽刺。

说——用话语劝说别人,使之听从自己的意见。

(三)积累字词

浚(jùn)其泉源　　无疆(jiāng)之休　　戒奢(shē)以俭

塞(sè)源　　殷(yīn)忧　　载(zài)舟覆舟

懈(xiè)怠　　壅(yōng)蔽　　黜(chù)恶　　谬(miù)赏

(四)欣赏名家朗读,学生自读,概括段意

示例:

第一段:指出君主的过失及其危害。

第二段:分析帝王殷实道著、功成德衰的原因。

第三段:提出君人者弘德保功的正确做法。

三、问题探究

《古文观止》中评价《谏太宗十思疏》:"剀切深厚",唐太宗也认为这篇文章"言穷切至"。"切"有切实的意思,这篇文中切中时弊,有很强的现实针对性。"切"还有恳切和严厉的意思。请同学思考以下问题,谈谈这篇文中是如何做到"切"的。

(一)这篇文章题目是"谏太宗十思疏",其中"谏"指"直言规劝,使改正错误","疏"是文体,属于奏章,主要是用来给君主提批评意见的。魏征在这篇奏疏的第一段就明确指出了唐太宗的过失,请同学们从文中找出原句。

示例:

不念居安思危,(不)戒奢以俭,德不处其厚,情不胜其欲。

作者严厉地指出君主的过失,分析其危害并提出正确的做法,作者是怎样论证的?

示例:

作者采用了比喻论证、类比论证和对比论证,用树木、河流类比,论证了"居安思危、戒奢以俭"是国家长治久安的根本,提出了国君要积其德义的观点。

(二)作者在第二段概括了历代君主的普遍规律的句子,请你找出来。

示例:

有善始者实繁,能克终者盖寡。

作者认为历代君王能够取江山却不能守江山的原因是什么?

示例:

夫在殷忧,必竭诚以待下;既得志,则纵情以傲物。

作者认为君主守江山成败的关键是什么?为什么?

示例:

人民(民本思想)

怨不在大,可畏唯人;载舟覆舟,所宜深慎。

用水和舟的关系比喻民和君的关系,说明人们力量的强大。

这一段使用了什么样的论证方法?

示例:

对比论证　比喻论证

(三)作者所提的"十思"的具体内容是什么?君主除"十思"外,还要做到什么?

明确:

戒奢安民、居安反满、宽容仁慈、慎始善终、虚心纳言、拒邪黜奸、刑赏以法。

弘九德,简能而任之、择善而从之。

课堂小结:

这篇文章有很强的现实针对性,作者针对唐太宗骄傲自满、日趋奢靡的情况,指出了他"不念居安思危,戒奢以俭",这样的"逆耳之言"可谓言辞切峻;作者深入地把"不念居安思危,戒奢以俭"的危害分析得清清楚楚,还对症下药,提出了"十思"的措施,既明确具体,又实用而不空泛,既又很强的针对性,又表现作者忠于唐王朝的一片赤诚之心。

四、拓展延伸

示例:

深中人主心理(愿读)

说理的委婉曲折(可读)

语言丰富精美(爱读)

五、课堂总结

读史使人明智,一千三百年后的今天,学习《谏太宗十思疏》这篇课文,我们不仅倾听理性的声音,感受智慧的力量,还要从字里行间去感受一代忠臣魏征为使唐王朝长治久安而敢于直谏的高度责任感与使命感。希望同学们树立正确的人生观,学习古人的责任和担当精神,时刻胸怀一颗火热的报国心!

六、板书设计

谏太宗十思疏

魏征

$$思\begin{cases} 人君当思 —— 提出问题 \\ 为什么思 —— 分析问题 \\ 思些什么 —— 解决问题 \end{cases}$$

七、作业

1. 积累文中的成语。

2. 假如你是唐太宗,请你用现代汉语给魏征写一段话,表达读了《谏太宗十思疏》后的感受,200 字左右。

内蒙古兴安盟扎赉特旗教育事业发展中心　韩淑萍

富丽阿房成焦土　锦绣华章警世人

——《阿房宫赋》中的讽喻

【文体知识与教学设想】

　　赋是我国古代的一种文体,介于诗和散文之间,类似于后世的散文诗。它讲求文采、韵律,兼具诗歌和散文的性质。其特点是"铺采摛文,体物写志",侧重于写景,借景抒情。最早出现于诸子散文中,叫"短赋";以屈原为代表的"骚体"是诗向赋的过渡,叫"骚赋";汉代正式确立了赋的体例,称为"辞赋";魏晋以后,日益向骈对方向发展,叫作"骈赋";唐代又由骈体转入律体叫"律赋";宋代以散文形式写赋,称为"文赋"。

　　赋主要有以下几个特点:语句上以四、六字句为主,句式错落有致并追求骈偶;语音上要求声律谐协;文辞上讲究藻饰和用典。经历长期的演变过程,发展到中唐,在古文运动的影响下,又出现了散文化的趋势,不讲骈偶、音律,句式参差,押韵也比较自由,形成散文式的清新流畅的气势。

　　赋体文学的讽喻功能是其重要的社会价值之一。其讽喻功能是通过象征、比喻、夸张等修辞手法来实现的,这些手法能够生动形象地描绘事物或情感,并以此暗示或明示出作者的意图和观点。例如,通过象征手法,作者可以将抽象的概念或情感具象化典原化,使读者更加深刻地理解其内涵和意义;通过比喻手法,作者可以将复杂的事物或情感简化,使读者更加清晰地领悟其本质和特征,通过夸张的手法强调事物或情感的某一方面,使读者更加鲜明地感受到其形象和特点。这些修辞手法不仅有助于实现赋体文学的讽喻功能,深刻地揭示社会现象的内在矛盾和问题,表达对社会现实的批评和反思,同时也能够提高作品的艺术价值和审美体验,激发读者的思考和反省,推动文化的传承和创新。

　　《阿房宫赋》是唐代著名诗人杜牧创作的一篇散文,也是文赋中颇具代表性的典范之作,享有"古来之赋,此为第一"的美誉。其文遣词华美绚丽,思想深刻见骨,是脍炙人口的经典古文之一。杜牧在《阿房宫赋》这篇文章中,通过层层铺叙,融叙述、描写、议论于一体,描写阿房宫的兴建和毁灭,生动形象地总结了秦朝统治者因为骄奢而亡国的历史教训,向唐朝统治者发出了警告,表现出一个封建时代正直的文人忧国忧民、匡世济俗的情怀。

　　基于上述对课文文体特点的认识,本课教学设计在学生熟读文本的基础上,引导学生理解文中关键词语,通过分析排比、比喻、夸张等修辞手法,分析其讽喻的作用,理解作者对社会现实的批评和反思,进而体悟杜牧胸怀天下的情怀。

【教学目标】

　　1.鉴赏文本,品味语言,让学生感受文赋中铺采摛文的特点。

　　2.通过分析文本,引导学生了解秦朝亡国的原因以及讽喻的目的。

　　3.通过分析讽喻的作用,引导学生领会古代士人家国天下的情怀,从而树立自己的担当与责任意识。

【教学重点】

1.鉴赏文本,品味语言,让学生感受文赋中铺采摛文的特点。

2.通过分析文本,引导学生了解秦朝亡国的原因以及讽喻的目的。

【教学难点】

通过分析讽喻的作用,引导学生领会古代士人家国天下的情怀,从而树立自己的担当与责任意识。

【教学过程】

一、导入新课

同学们,本单元我们学习《谏太宗十思疏》体会到魏征直言进谏、警示君主;学习《答司马谏议书》体会到王安石据理辩争、剖白心迹;学习《六国论》体会到苏洵借古讽今、以史为鉴。今天我们一起来探究《阿房宫赋》的"讽喻"。

二、问题探究

请一位同学配乐朗诵《阿房宫赋》,其他同学要认真倾听,同时思考杜牧是如何讽喻的?

示例:

铺叙。《文心雕龙·诠赋》中说:"赋者,铺也;铺采摛文,体物写志也。"其中"铺采摛文"就是铺陈文采辞藻,极力渲染夸张;"体物写志"指通过摹写事物来达到抒发情志的目的。

(一)如何讽喻

任务一:作者都铺叙了什么?

课前同学们已完成预习任务单,每个学习小组已推荐了优秀作业,我们来看看同学们的学习成果。

示例:

1.宫室之多

"六王毕,四海一;蜀山兀,阿房出。覆压三百余里,隔离天日。骊山北构而西折,直走咸阳。二川溶溶,流入宫墙。"

"兀",指光秃,形容山上树木已被砍伐殆尽。"蜀山兀"蜀地的山秃了,阿房宫建成了。作者运用夸张的手法,一是说明阿房宫在此取材,二是说明秦岭的树木已被砍光,只能继续向南到蜀山取材。而蜀山也被砍光了。三是暗示了翻山越岭之苦,而运输这些都是役使百姓进行的,可见其中榨取了多少百姓的血。而这一切都说明阿房宫的宫室之多。不止如此,"压",指盖。沉重感,言其多,而且是三百余里;"走"意为奔、通到。化静为动,把阿房宫绵延千里,如骏马驰骋,写出了其不可阻遏的气势。

2.宫室之宏伟

"五步一楼,十步一阁;廊腰缦回,檐牙高啄;各抱地势,钩心斗角。盘盘焉,囷囷焉,蜂房水涡,矗不知乎几千万落! 长桥卧波,未云何龙? 复道行空,不霁何虹? 高低冥迷,不知西东。"

"缦"从糸,从曼,本义无花纹的丝织品,像绸带一样。"廊腰缦回"指走廊宽而曲折如彩带轻飘。"檐牙高啄""钩心斗角"写宫室参差错落,建筑精巧。"蜂房水涡,矗不知乎几千万落",从空中俯视的角度写宫室繁多。繁复的楼阁,如龙的长桥,似虹的复道,气势非凡。这一段描写运用比喻先写重楼叠阁、长廊高檐,不计其数;再以长桥如龙、复道似虹映衬宫宇之宏伟、楼阁之高大。

3. 美人之多

"明星荧荧,开妆镜也;绿云扰扰,梳晓鬟也;渭流涨腻,弃脂水也;烟斜雾横,焚椒兰也。雷霆乍惊,宫车过也;辘辘远听,杳不知其所之也。"

作者不只是运用了比喻夸张,细细琢磨,就能察觉还有连续用了 5 个倒装句,构成排比。作者不是按常理夸饰宫女的梳妆。他首先呈现一个群星闪耀浩渺璀璨的夜景,然后突然转折:这不是群星在闪耀,而仅仅是美人们打开了梳妆镜。作者首先把夸张的结果呈现在前(群星),再陈述造成这一结果的原因(开镜),先引人惊讶,再述说原因来释疑,从数量、情状相差巨大而造成一种夸张的惊惧。用这种因果倒置的判断句来达到令人惊惧的效果,突出阿房宫中的美人之多。

4. 珍宝之多

"燕赵之收藏,韩魏之经营,齐楚之精英,几世几年,剽掠其人,倚叠如山;一旦不能有,输来其间。鼎铛玉石,金块珠砾,弃掷逦迤。"六国"倚叠如山"的珍宝运到阿房宫后,却"弃掷逦迤",一个"如山""逦迤"写出了珍宝之多,写出了秦始皇骄奢淫逸的生活。

任务二:作者笔下的阿房宫富丽堂皇,这样铺叙有什么用意?

示例:

这些铺叙生动形象地写出了阿房宫拥有无数的宫室、美人、珍宝,而这些铺叙并不是简单的描写。作者用直观形象的铺叙,强化了他们背后都暗含着:它的拥有者也就是秦朝统治者这种极尽奢华欲为自己树立功碑的行径,作者不着一个谴字,而讽喻之意已表达得淋漓尽致。有六国之灭,才有秦阿房之兴;而阿房之兴,已隐含秦亡之因。同时也为后文的正义宏论张本,为篇末归结秦灭亡的历史教训讽谕现实,提供坚实基础的。正如《古文观止》所说"前幅极写阿房宫之瑰丽,不是羡慕其奢华,正以见骄横敛怨之至,而民不堪命也,便伏有不爱六国之人之意在。"

任务三:作者如何评价秦统治者的骄横敛怨?

1. 齐读第三段,并划分层次。

2. 分析"嗟乎! 一人之心,千万人之心也。秦爱纷奢,人亦念其家。奈何取之尽锱铢,用之如泥沙?"

重点赏析:一人之心,千万人之心也。

人同此心,心同此理,这里用了互文手法,对普遍人性作了深刻揭示。既然如此,那你秦始皇为何只顾个人穷奢极欲,"取之尽锱铢,用之如泥沙",而不顾百姓的死活!

3. 分析"使负栋之柱,多于南亩之农夫;架梁之椽,多于机上之工女;钉头磷磷,多于在庾之粟粒;瓦缝参差,多于周身之帛缕;直栏横槛,多于九土之城郭;管弦呕哑,多于市人之言语。"

这组排比中每一句都以老百姓的劳作吃穿作为比较对象,农夫、织女、谷粒、帛缕、城郭、市井言语,这些人和事物的数量竟然不如阿房宫微不足道的部件的数量多,可见统治者的生活何其奢靡! 一方面是统治者的极致纷奢,一方面百姓的劳作生活,两者形成了巨大的对比。说明秦统治者挥霍浪费的都是百姓的劳动果实。而统治者的奢侈享乐是建筑在人民痛苦生活之上的!

4. 分析"使天下之人,不敢言而敢怒;独夫之心,日益骄固。戍卒叫,函谷举;楚人一炬,可怜焦土。"

补充资料:

"言独夫,失君道也。"

—— 孔传

"人君之患,莫大于自尊;自尊则无臣,无臣则无民,无民则为独夫。"

——清·唐甄《潜书·任相》

独夫指残暴无道、众叛亲离的统治者,日益骄固,必然会招致百姓的反抗,最终走向灭亡。

(二)为何讽喻

1. 写作目的

根据注释"宝历大起宫室,广声色,故作《阿房宫赋》。"(《上知己文章启》)

2. 补充资料一:

《阿房宫赋》写于唐敬宗宝历元年即 825 年。当时政治腐败,阶级矛盾异常尖锐。唐敬宗李湛,游戏无度,狎昵群小,往往深夜捕狐,与宦官嬉戏终日,贪好声色,"视朝月不再三,大臣罕得进见"。又"好治宫室,欲营别殿,制度甚广"。并命令度支员外郎卢贞,"修东都宫阙及道中行宫",以备游幸(《通鉴》卷二四三)。

本文借写阿房宫的兴建与毁灭,揭露了秦朝统治者的穷奢享乐,并借古讽今,阐述了天下兴亡的道理。规劝唐朝的统治者不要只图自己奢侈享乐,劳民伤财,终至亡国,最终落得"后人复哀后人也"的结局。

3. 这篇文章的中心观点是什么? 请在文中圈画出来。

示例:

"灭六国者,六国也,非秦也。族秦者,秦也,非天下也。"

"秦人不暇自哀,而后人哀之;后人哀之而不鉴之,亦使后人而复哀后人也。"

4. 思考"秦人不暇自哀,而后人哀之;后人哀之而不鉴之,亦使后人而复哀后人也。"其中的四个"后人"含义一致吗? 如何理解?

示例:

不一致。第一个、第二个、第四个指的是"秦以后的统治者"、第三个后人是指唐以后的统治者。作者委婉地奉劝统治者要以史为鉴,否则就会亡国。

5. 如何理解"灭六国者,六国也,非秦也。族秦者,秦也,非天下也。"

示例:

借六国和秦来讽喻统治者爱人(即百姓),否则就会自取灭亡。本文是借古讽今,展现了一个清醒的政治家的真知灼见。

6.补充资料二:

"平生五色线,愿补舜衣裳"

—— 杜牧《郡斋独酌》

"治乱兴亡之迹,财赋兵甲之事,地形之险易远近,古人之长短得失"

——《上李中丞书》)

可见,他是把辅佐君王成就尧舜事业作为己任的。杜牧生活在内忧外患日益加深的晚唐时代,从青少年时代起就关心国事,怀抱着中兴唐王朝的理想。《阿房宫赋》就表现出了一个正直文人忧国忧民、旷世济俗的情怀。

三、课堂总结

《阿房宫赋》借对阿房宫兴建及毁灭的描写,运用比喻、夸张等手法,生动形象地总结了秦统治者骄奢亡国的历史教训,并立足现实,评说盛衰,警示当代统治者,希望他们能"哀之""鉴之",爱民惜民,不要重蹈秦朝灭亡的覆辙。褒贬之情,讽喻之意,体现了一个正直文人忧国忧民、匡世济俗的情怀。

四、板书设计

富丽阿房成焦土　锦绣华章警世人

——《阿房宫赋》中的讽喻

铺　讽　借
叙　　今　古
如何讽喻?　　为什么讽喻?

五、作业

阅读下面的诗歌,结合其讽喻的特点,选择其中的一首加以赏析。

过骊山作

唐·杜牧

始皇东游出周鼎,刘项纵观皆引颈。
削平天下实辛勤,却为道傍穷百姓。
黔首不愚尔益愚,千里函关囚独夫。
牧童火入九泉底,烧作灰时犹未枯。

泊秦淮

唐·杜牧

烟笼寒水月笼沙，夜泊秦淮近酒家。
商女不知亡国恨，隔江犹唱后庭花。

过华清宫绝句【其一】

唐·杜牧

长安回望绣成堆，山顶千门次第开。
一骑红尘妃子笑，无人知是荔枝来。

过华清宫绝句【其二】

唐·杜牧

新丰绿树起黄埃，数骑渔阳探使回。
霓裳一曲千峰上，舞破中原始下来。

北京市第十中学高中语文组　牟海玲

树立远大抱负　承担历史使命

——《与妻书》中的"情"与"志"

【文体知识与教学设想】

书信的情感表达较为复杂,或严肃、或亲昵、或急切、或痛惜,可以从实用性文本阅读和经典篇章解读两个维度来把握这篇课文。所谓"实用性",主要指书信有具体、实际的写作目的,并能起到相应的作用,其写法一般是非虚构的。所谓"经典型",是指出色的实用文同样是文章中的经典,具有丰富的内容、深刻的思想、饱满的感情、多元的表达方式、富有特点的语言,值得仔细赏读,反复玩味。可以从语言情感意蕴角度去探究书信体独特的情感表达方式,体察作品的丰富意蕴和作者深挚的思想感情。

《与妻书》是人民教育出版社高中语文必修下册第五单元中的一篇课文,是革命志士林觉民写给妻子的一封绝笔信。文章中作者的缠绵儿女情和纵横英雄气交织映现,作者在对妻子的劝慰之中,家国情怀奔涌笔底,彰显出革命者的高风亮节和英雄本色。信中对革命的忠诚与热忱、对妻子的深爱和不舍交相辉映,催人泪下;烈士舍弃挚爱与生命,为革命献身的生死抉择更是令人动容。这封书信紧紧围绕"吾至爱汝,即此爱汝一念,使吾勇于就死也",把"情"与"志"有机地融合在一起。

在这封信中,作者叙说了夫妻之间的几件家常小事,向妻子倾诉了无限的眷恋之情。叙事类文本传情达意的主要手法是细节描写,因此,本节课重点引导学生赏析细节描写表达情感的效果。

【教学目标】

1. 引导学生赏析细节描写表达情感的效果。

2. 体会文章体现出的时代洪流与个人志向、人生选择之间的深切联系,理解文中展现出的有为之士的精神品质和人生价值。

3. 思考作为新时代的青年应具有的抱负和将承担的使命,培养观察社会现象、思考社会问题、把握时代特征的能力。

【学习重点】

引导学生赏析细节描写表达情感的效果。

【学习难点】

体会文章体现出的时代洪流与个人志向、人生选择之间的深切联系,理解文中展现出的有为之士的精神品质和人生价值。

【教学过程】

一、课堂导入

《与妻书》是革命烈士林觉民在参加广州起义前写给妻子的一封绝笔信,表达了他对妻子的深厚感情和对革命事业的坚定信念。这封家书有"民国最美情书"之称,其中能让人感受到时代的洪流和仁人志士的革命情怀。接下来让我们学习这封家书,去感受文字背后的挚爱与大义。

二、整体感知

请同学们划分文章层次,并概括每一部分主要内容。

示例:

第一部分(1):"忍悲为汝言之"交代写信的原因和心情。

第二部分(2-6):从情理、事势、后事等几方面具体阐述"吾衷"。这是本文的主体部分,对"吾衷"作了真实、深刻、详尽的阐述,感人肺腑,令人激奋,慰人勿悲,从而达到了作者写信的目的。

第三部分(7-8):加深言情,情至生死永相旁;深入说理,志高不幸生中国。这是对第二部分的补充和加深,全面地阐明了"情至生死永相旁"。

三、问题探究

(一)作者在这封遗书里抒发了哪些情感?作者是怎样抒发情感的?

示例:

1.对妻子的深爱和不舍,对祖国的一片赤诚。

2.细节描写,直抒胸臆。

(二)叙事类文本传情的主要手法是细节描写,请同学们阅读第三段,赏析细节描写表达情感的效果。

请用简洁的语言概括第四段中所追忆的两件事,并分析作者追忆这三件事的目的。

示例:

第四段作者通过细节描写追忆了几件琐事,在生离死别之际,往昔的点点滴滴都是刻骨铭心的,不仅让作者潸然泪下,也让读者唏嘘感叹。第一件事是新婚的甜蜜生活情景,"吾与(汝)并肩携手,低低切切",说明自己"真真不能"忘记爱妻。第二件事是两次离家未能将实情告诉妻子的原因和心情,说明自己"至爱"妻子,怕妻子担受不起沉重的悲痛。这几件事的共同之处是通过细节反映了烈士对妻子的眷念之深,为妻子着想无所不至,用事实说明自己绝不是一个无情的人,即"吾至爱汝"。

(三)拓展阅读

阅读袁枚的《祭妹文(节选)》,分析文中细节描写表达情感的效果。

余捉蟋蟀,汝奋臂出其间;岁寒虫僵,同临其穴。今予殓汝葬汝,而当日之情形,憬然赴目。予九岁,憩书斋,汝梳双髻,披单缣来,温《缁衣》一章;适先生多户入,闻两童子音琅琅然,不觉莞尔,连呼"则则",此七月望日事也。汝在九原,当分明记之。予弱冠粤行,汝掎裳悲恸。逾三年,予披宫锦还家,汝从东厢扶案出,一家瞠视而笑,不记语从何起,大概说长安登科、函使报信迟早云尔。凡此琐琐,虽为陈迹,然我一日未死,则一日不能忘。

——袁枚《祭妹文》

示例:

"余捉蟋蟀,汝奋臂出其间;岁寒虫僵,同临其穴",我捉蟋蟀,你紧跟我捋袖伸臂,抢着捕捉;寒冬蟋蟀死了,你又同我一起挖穴埋葬它们。作者在叙事时,采用细节描写,描写了妹妹和自己如影随形,片刻不离,两人一起捉蟋蟀,一起葬蟋蟀,刻画了妹妹的天真活泼善良的性格特点。这些情形承载着真挚的情感内涵,不但是作者挥之不去的深深印迹,也给读者留下深刻印象。作者在叙事时,还采用今昔对比,"今予殓汝葬汝,而当日之情形,憬然赴目",今天我收殓你的尸体,给你安葬,而当年的种种情景,却一一清晰地呈现在眼前,当年兄妹同葬蟋蟀,如今孤兄独葬亡妹,物换星移,昨是今非。

课堂小结:

在这封绝笔信当中,林觉民首先表达了自己对妻子的爱和不舍,并由此进一步提升情感内容,由对妻子的爱上升为对祖国和人民的爱,表达了对国家命运和民族前途的担忧与热切期盼,由个人的"小爱"推及到国家和民族的"大爱"。他将个人、家庭命运与国家和民族命运交织在一起,阐述了一个深刻的道理:没有国家和民族的幸福,就不会有家庭和个人的幸福。

四、拓展延伸

(一)联读革命家

林觉民舍生取义,《与妻书》情真意切,在他之后,还有无数仁人志士为了革命事业献出了自己宝贵的生命,在临终前,他们写给亲人的家书同样令人动容。

请同学们诵读一一下赵一曼和江姐临终前写给家人的家书。

赵一曼烈士遗书

宁儿:

母亲对于你没有能尽到教育的责任,实在是遗憾的事情。母亲因为坚决地做了反满抗日的斗争,今天已经到了牺牲的前夕了。母亲和你在生前是永久没有再见的机会了。希望你,宁儿啊!赶快成人,来安慰你地下的母亲!我最亲爱的孩子啊!母亲不用千言万语来教育你,就用实际行动来教育你。在你长大成人之后,希望你不要忘记你的母亲是为国而牺牲的!

一九三六年八月二日
你的母亲赵一曼于车中

江竹筠与弟书:为共产主义革命事业奋斗到底

竹安弟:

友人告知我你的近况,我感到非常难受。幺姐及两个孩子给你的负担的确是太重了……话又说回来,我们到底还是虎口里的人,生死未定……假若不幸的话,云儿(江竹筠和丈夫彭咏梧的孩子彭云)就送给你了,盼教以踏着父母之足迹,以建设新中国为志,为共产主义革命事业奋斗到底。孩子们决不要骄(娇)养,粗服淡饭足矣……

竹姐
8月26日

(二)讨论分享

读完这两封革命家书,同学们有何感想?

学生思考、表达交流,教师点播、总结。

今天,我们重读革命家书,一封封的家书,读之使我们热泪盈眶,思之使我们百感交集。家书寄语,字短情长,每个字、每句话都是那段革命洪流的历史见证,是一种为国家为民族牺牲自我、奋斗拼搏的人生诠释。面对国家前途和民族大义,他们毅然选择了充满荆棘的革命道路,为天下苍生牺牲了自己的家庭和生命。正是这些革命烈士的无私奉献、舍生取义、英勇报国的情怀才有了我们今天幸福的生活,让我们永远缅怀为真理而抛头颅洒热血的爱国英烈! 作为新时代的青年,更应秉承革命先烈之志,勇于承担我们这代人的使命和责任,走好我们的长征路,为实现中华民族伟大复兴努力奋斗!

教师总结:

多少英雄儿女付出自己宝贵的生命才换来如今的太平盛世,"一代人有一代人的长征,一代人有一代人的担当"。今天新时代的中国青年应当具有怎样的抱负,承担怎样的使命? 这些问题值得我们去思索。

五、课堂总结

同学们,为什么中国能有上下五千年的历史,是因为我们中华儿女有抛头颅洒热血的奉献精神,愿时代的英雄教科书能记住他们的同时我们新一代的青年们也将他们的美德和热血传承下去!

六、板书设计

与妻书

爱妻之情

担当使命

爱国之情

七、作业

本单元所选作品,或剖析社会矛盾,宣示历史使命,或概括伟人贡献,致以崇敬之情,或是上书言事,谏阻逐客。或为临终绝笔,直抒心志。这些作品表现出革命有为之士顺应历史潮流,勇于担当使命的精神。作为风华正茂的青年学生,身处价值多元、网络发达的社会,你有什么感悟和思考? 请以《青年人的使命》为题,写一篇演讲词。要求:要有条理,有针对性,关注演讲对象,不少于700字。

内蒙古兴安盟扎赉特旗音德尔第一中学语文组　徐艳花

烈火蓄意要焚身　风雪何处可归人

——《林教头风雪山神庙》中的环境描写

【文体知识与教学设想】

《林教头风雪山神庙》节选自《水浒传》第十回《林教头风雪山神庙　陆虞候火烧草料场》，是人民教育出版社高中语文必修下册第六单元中的一篇课文。

章回体小说是分章回叙事的小说，是我国古典小说的主要形式，受到宋元讲史话本的影响很大。章回体小说以工整的偶句(有时也用单句)作回目，每一回的开头往往有一首开场诗，回目和开场诗结合起来，概括这一回目的主要内容；从内容上来看，往往分成三大类，即历史演义、英雄传奇、神魔怪异；章回体小说常常通过塑造鲜明的人物形象和设计生动的故事情节来吸引读者，反映社会矛盾，揭示主题。明清至近代，中国的长篇小说普遍采用章回体的形式，现当代的一些通俗小说也仍在沿用此种形式。许多章回小说具有强烈的社会批判意义。王钟麒指出，章回体小说的批判精神主要有两种：一是"愤政治之压制"，二是"痛社会之混浊"；郭绍虞等主编《中国历代文论选》也提出，明清章回小说"描写社会之污秽浊乱贪酷淫亵诸现状，而以刻毒之笔出之"。

《水浒传》是典型的章回体长篇小说，课文节选的内容是《水浒传》最精彩的部分之一。"若非风雪沽村酒，定被焚烧化朽枯"，作者通过巧妙地设置众多巧合及环境描写，来设计故事情节，制造矛盾冲突，塑造人物形象，揭示小说主题。本节课引导学生赏析小说中的环境描写，了解林冲由逆来顺受、委曲求全到奋起反抗的思想性格发展变化过程，认识封建社会里被压迫者走上反抗道路的必然性的小说主题，深入认识造成人生悲剧的社会原因。

【教学目标】

1. 了解施耐庵和《水浒传》，掌握相关文学常识。

2. 赏析小说中的环境描写，掌握小说中环境描写的作用。

3. 了解林冲由逆来顺受、委曲求全到奋起反抗的思想性格的发展变化过程，认识封建社会里被压迫者走上反抗道路的必然性的小说主题，深入认识到造成人生悲剧的社会原因。

【教学重点】

赏析小说中的环境描写，掌握小说中环境描写的作用。

【教学难点】

了解林冲由逆来顺受、委曲求全到奋起反抗的思想性格的发展变化过程及其原因。

【教学过程】

一、课堂导入

(一)请同学根据课前预习，介绍章回体小说的文学常识

示例：

章回体小说是分章回叙事的小说，是我国古典小说的主要形式。它以工整的

偶句(有时也用单句)作回目,每一回的开头往往有一首开场诗,回目和开场诗结合起来,概括这一回目的主要内容,章回体小说主要分为历史演义、英雄传奇、神魔怪异三大类,经常塑造鲜明的人物形象和设计生动的故事情节。

(二)由《水浒传》第十回开头的定场诗导入新课

天理昭昭不可诬,莫将奸恶作良图。

若非风雪沽村酒,定被焚烧化朽枯。

自谓冥中施计毒,谁知暗里有神扶。

最怜万死逃生地,真是瑰奇伟丈夫。

《水浒传》第十回的回目是"林教头风雪山神庙 陆虞候火烧草料场",若非风雪沽村酒,定被焚烧化朽枯,正是一系列的巧合才让林冲逃出生天,完成了性格的转变,而小说中的巧合又离不开巧妙的环境描写。今天我们从巧合的情节和巧妙的环境描写这两方面来学习这篇课文。

二、整体感知

(一)快速浏览课文,概括故事情节,理清文章脉络。

示例:

第一部分(1 节)林教头沧州遇旧知　(开端)

第二部分(2—5 节)陆虞候密谋害林冲(发展)

第三部分(6—9 节)林教头接管草料场 (发展)

第四部分(10—12 节)风雪夜山神庙复仇(高潮和结局)

(二)《林教头风雪山神庙》的情节结构可分为明暗两条线,阅读课文,找出明、暗线。

示例:

明线是林冲寻仇人、报仇。故事开始,林冲被分配到沧州负责看守草料场。一天,林冲因大雪来到山神庙,无意中偷听到陆谦等人要杀他的密谋。得知真相的林冲怒不可遏,杀死了陆谦等三人,最终投奔梁山。暗线则是陆谦等人密谋害林冲。林冲被发配到沧州后,高俅等人仍不罢休,他们买通了林冲的好友陆谦,让他想办法杀死林冲。陆谦先是设计让林冲接管草料场,然后又一把火烧了草料场,试图将林冲烧死。但林冲却因大雪躲进了山神庙,从而得知了陆谦等人的阴谋。

这种明暗线交织的情节结构,使故事更加扣人心弦,也展现了林冲从忍气吞声到最终反抗的心路历程。

三、问题探究

(一)"无巧不成书",巧合是作者设计故事情节,塑造人物形象,吸引读者常用的手法。在课文中,都有哪些巧合?

示例:

林冲巧遇李小二、陆谦到李小二酒店密谋、老军偶指市井酒店、林冲偶见山神庙、草厅被雪压塌林冲到山神庙借宿、陆谦等人来到山神庙等。

巧合背后有其合理因素,请同学们思考,陆谦等人为什么来到李小二酒店密谋? 又为什么来到山神庙?

示例：

巧合的背后有其事理逻辑。为了安全、保密、便捷，陆谦等人密谋的地点不能离牢城营太远，客人不能太多，酒菜的品质也不能差，李小二的茶酒店就成了陆谦等人合谋的理想地点；陆谦等人放火烧了材料场，为了避人耳目，选择由草料场向牢城营相反的方向躲避，又为了躲避风雪，来到山神庙。

小结：这些巧合的情节对塑造人物形象和揭示主题起到了重要作用。林冲正是在无意之中听清了陆谦等三人的全部对话，才洞悉了贼人的全部阴谋，才彻底明白了自身的处境。

像他（林冲）这样性格的人，如果不是彻底绝望，他绝不可能脱胎换骨，不是给他一个彻底的打击，粉碎他所有的梦想，他绝不可能从一个庸人变成英雄。

——鲍鹏山

（二）这些巧合的大都和"风雪"有关，请同学们快速浏览课文，找出正面和侧面描写风雪的句子。

示例：

1. 正面描写风雪的句子：

①正是严冬天气，彤云密布，朔风渐起，却早纷纷扬扬，卷下一天大雪来。

②信步投东，雪地里踏着碎琼乱玉，迤逦背着北风而行。那雪正下得紧。

③仍旧迎着朔风回来。看那雪，到晚越下得紧了。

2. 侧面描写风雪的句子：

①仰面看那草屋时，四下里崩坏了，又被朔风吹撼，摇振得动。林冲道："这屋如何过得一冬？待雪晴了，去城中唤个泥水匠来修理。"向了一回火，觉得身上寒冷……

②那两间草厅，已被雪压倒了。林冲寻思："怎地好？"放下花枪、葫芦在雪里，恐怕火盆内有火炭延烧起来。搬开破壁子，探半身入去摸时，火盆内火种，都被雪水浸灭了。林冲把手床上摸时，只拽的一条絮被……再把门掩上，旁边止有一块大石头，掇将过来靠了门。

（三）请同学们分组讨论，这些环境描写都有哪些作用？

示例：

1. 为人物活动渲染气氛，烘托了林冲杀敌报仇，走上反抗道路的悲壮气氛。

2. 推动情节发展，情节的发展与风雪密不可分。因为风大雪紧，林冲想喝酒驱寒，才会在沽酒途中看到山神庙；因为风大雪紧，草屋被风吹雪压而倒塌，林冲才被迫到山神庙安身；因为风大，林冲才用大石块靠住庙门；也因为避风雪，陆虞候一伙才直奔庙里来等等，描写风雪的笔墨虽不多，却是故事发展的重要因素，随着情节的展开，人物的性格才得以展现。

3. 为下文做了铺垫，草厅被朔风吹撼，摇振得动，既写出了风雪之大，又为下文写草厅被雪压塌做了铺垫。

4. 塑造人物性格。

面对"被朔风吹撼，摇振得动"草厅，林冲想的是"待雪晴了，去城中唤个泥水匠来修理"，草厅被压塌了，林冲想的是暂且到山神庙借宿，"等到天明，却做理会"，这些都表现了他安分守己、逆来顺受、随遇而安的性格特点。林冲"搬开破壁子，探半身入去摸时，火盆内火种，都被雪水浸灭了"，一方面说明风雪之大，另一方面也揭示了林冲的小心谨慎、忠于职守的性格特点。

四、课堂总结

在黑暗社会现实面前，在陆谦等人的一再迫害之下，在风雪交加之际，在一个个巧合之下，林冲死里逃生，最终在走投无路的绝境中，由正直善良、安分守己、逆来顺受、随遇而安，走上了忍无可忍、奋起反抗的道路，最终被逼上梁山。

五、作业

写一篇文学评论，参考题目如下：

1. 林冲思想性格变化浅谈

2. "逼上梁山"——读《林教头风雪山神庙》有感

3. 小议《林教头风雪山神庙》中的景物描写

要求：观点明确，条理清楚，逻辑性强，能结合课文内容，700 字左右。

内蒙古兴安盟扎赉特旗音德尔第一中学语文组　孙洪晶

全员"异化"的世界

——《促织》中的讽刺艺术

【文体知识与教学设想】

《促织》是人民教育出版社高中语文必修下册第六单元中的一篇课文,是一篇文言文短篇小说。文言文短篇小说是古代以文言为载体虚构的故事,创作手法或夸张或荒诞或离奇或风趣,形式上是短篇。这类小说数量众多,内容庞杂,大体可以分为以下三类:一是志怪小说,如《列异传》《搜神记》收录的短篇小说;二是传奇小说,如《聊斋志异》;三是记录人物言行轶事的杂录小说,如《世说新语》。

《聊斋志异》是清代蒲松龄创作的文言短篇小说集,简称《聊斋》,又名《鬼狐传》,郭沫若评价其"写鬼写妖高人一等,刺贪刺虐入骨三分",是我国文言短篇小说的最高峰。在创作内容上主要有爱情故事、抨击科举制度对读书人的摧残、揭露封建统治阶级对百姓的压迫。鲁迅认为蒲松龄"用传奇法而以志怪","传奇法"和"志怪"概括了《聊斋志异》写作与内容的基本特征,作者通过虚构神鬼怪异的故事,来曲折地反映、讽刺社会现实。

基于上述对文体知识的分析,本节课注重引导学生通过赏析《促织》这篇小说,探究小说中人物"异化"前后的角色及原因,探析蕴藏在"异化"背后的对封建社会及统治者的深刻批判。

【教学目标】

1. 通过细读文本,整理分析文中人物异化前后的角色及原因,继而探析蕴藏在"异化"背后的对封建社会及其统治者的深刻批判,从而培养学生的批判性思维,形成个性化的见解和感悟。

2. 通过把握文本的遣词造句,体悟作品的语言表达,从多个角度认识、欣赏小说这一体裁的艺术表现形式,从而获得独特审美体验。

【教学重点】

通过对比分析人物异化前后的角色,探究异化的根本原因,理解作者对统治者纵容私欲的辛辣讽刺、对百姓命不如虫的深刻同情。

【教学重点】

通过《促织》反映出的对统治者的批判与讽刺,从历史角度思考"上有所好,下必甚焉"的普遍性,并观照现实,获得启示。

【教学过程】

一、课堂导入

同学们,经过上节课的学习,我们对《促织》这篇课文的情节有了大概了解,它围绕着"促织"这一个小虫讲述了一个"责虫→捉虫→卜虫→得虫→失虫→化虫→斗虫→献虫"的故事。那么,在阅读这篇文章的时候,最精彩离奇的情节莫过于化虫了。这节课我们将视角聚焦在成子化虫这一环节上,来赏析小说的讽刺意蕴。

二、整体感知

聚焦错位角色,洞悉"异化"之人

问题一:在化虫这一情节,成子有何变化?

示例:由幼童异化为骁勇善战的促织。

问题二:成子变化前后,成名和他的家庭发生了怎样的变化? 请在文中找出依据。

示例:

化虫前:成名屡试不中、薄产累尽、充为里正、儿子昏迷、走投无路

原文:

邑有成名者,操童子业,久不售。为人迂讷,遂为猾胥报充里正役,百计营谋不能脱。不终岁,薄产累尽。会征促织,成不敢敛户口,而又无所赔偿,忧闷欲死。妻曰:"死何裨益? 不如自行搜觅,冀有万一之得。"成然之。早出暮归,提竹筒丝笼,于败堵丛草处,探石发穴,靡计不施,迄无济。即捕得三两头,又劣弱不中于款。宰严限追比,旬余,杖至百,两股间脓血流离,并虫亦不能行捉矣。转侧床头,惟思自尽。

近抚之,气息惙然。喜置榻上,半夜复苏。夫妻心稍慰,但儿神气痴木,奄奄思睡。成顾蟋蟀笼虚,则气断声吞,亦不复以儿为念,自昏达曙,目不交睫。东曦既驾,僵卧长愁。

化虫后:成名功成名就、家庭美满、富贵过人

原文:

宰悦,免成役。又嘱学使俾入邑庠。后岁余,成子精神复旧,自言身化促织,轻捷善斗,今始苏耳。抚军亦厚赉成。不数年,田百顷,楼阁万椽,牛羊蹄躈各千计;一出门,裘马过世家焉。

通过变化我们可以看出,成子的异化不仅是变成了一个骁勇善战的促织,他还变成了自己家庭的"救世主"。那为什么需要一个小孩子变身为促织去拯救家庭呢?

三、问题探究

剖析社会机制,寻觅"异化"之因

问题一:请同学们阅读所给文字片段,分析概括成子异化的原因。

示例:

成有子九岁,窥父不在,窃发盆。虫跃掷径出,迅不可捉。及扑入手,已股落腹裂,斯须就毙。儿惧,啼告母。母闻之,面色灰死,大惊曰:"业根,死期至矣! 而翁归,自与汝复算耳!"儿涕而出。

1. 无意放跑并拍死了青麻头,害怕父亲的责怪。

2. 母亲的咒骂使之绝望。因为成子拍死青麻头之后的第一反应是向母亲寻求庇护,但母亲的表情和语言使成子意识到自己犯了天大的错误,从而绝望。

3. 对家庭的爱。青麻头死后,成子的第一种情绪是"惧"。因为他了解促织给家庭带来的伤害(双股间脓血流离,家产累尽,惟思自尽),也知道父母为这只青麻

头花费了多少心血(蟹白栗黄,备护极爱),并指望它拯救家庭。出于对父母的爱,他才想魂化促织。

问题二:在"促织"的影响下,异化的只有成子一人吗?造成异化的根本原因是什么?请同学们细读文章,小组合作,试填下表。

人物/事物	应然的社会角色	异化的社会角色	原因
华阴令、里胥、抚军	爱民助上的官员	媚上欺下贪官虐吏	借促织讨好统治者
游侠儿	游手好闲的边缘人	囤货居奇的有钱人	借促织谋利
成名	一心求仕的读书人	为求活命的捕虫者	借促织活命
成妻	情绪稳定的贤惠妻子	杀死儿子的凶手	借促织活命
根本原因:放纵私欲的统治者			

综合表中所有人异化的原因,并究其根本,罪魁祸首指向统治者——明宣宗。正是因为他为自己个人的喜好每年都向民间征收东西,加重百姓负担(宫中尚促织之戏,岁征民间)和因为个人之欲的满足而大加赏赐(上大嘉悦,诏赐抚臣名马衣缎),所以社会阶层中的每一个人才会异化。由此我们也可以看出,皇帝本身其实也发生了异化,由为国为民的皇帝,异化为了一个放任私欲、荒淫无道的玩乐者。

由此,我们发现,讽刺类小说常常通过虚构离奇荒诞的情节和塑造夸张变形的人物形象来达到讽刺的目的。不只是《促织》如此,吴敬梓的《儒林外史》、塞万提斯的《堂吉诃德》以及契诃夫的《装在套子里的人》等众多讽刺名篇都是如此。

四、拓展探究

聚焦根本原因,深究讽刺之意

探究一:文章结尾以"异史氏"之名发表了一段议论,言"天子偶用一物,未必不过此已忘;而奉行者即为定例。加以官吏贪虐,民日贴妇卖儿,更无休止"。这段话蕴含了作者什么样的思想感情?

示例:

"偶"是指天子的爱好具有偶然性,"定"是指下层官吏把这一偶然性事件执行为必然性事件,"定"也蕴含着百姓因上有所好而产生悲哀命运的必然性,作者借此辛辣讽刺了那个以统治者意志为社会行动的指挥棒,以统治者的欢心为衡量功绩标准的黑暗社会。

探究二:《促织》讲述了因明宣宗的个人爱好而使全员异化给社会带来悲剧的故事,历史上还有其他"明宣宗"的存在吗?

拓展材料:

夫人之慕名,如水趋下,上有所好,下必甚焉。

——司马光《资治通鉴》

吴王好剑客,百姓多疮瘢。楚王好细腰,宫中多饿死。

——无名氏《无题》

妃嗜荔枝,必欲生致之,乃置驿传送,走数千里,味未变已至京师。

——《新唐书·后妃传卷七六·玄宗贵妃杨氏传》

示例:

存在。正所谓"业精于勤,荒于嬉",统治者作为封建社会最高的掌权者,他的一个小小的爱好,甚至一言一行都关乎着国家和百姓的福祉。如果他沉湎于个人的享乐,那么受难的必定是底层百姓。那么统治者该如何做呢?

拓展资料:

季康子问:"使民敬、忠以劝,如之何?"子曰:"临之以庄,则敬;孝慈,则忠;举善而教不能,则劝。"

——《论语·为政》

孔子在《论语》中强调,统治者要"庄、孝慈、举善、教不能",为百姓作表率。正如蒲松龄在文中所言"故天子一跬步,皆关民命,不可忽也"。执政者要以身作则,注意自身言行,正确发挥上行下效的作用。

五、课堂总结

本节课通过对《促织》的深入剖析,揭示了统治者个人喜好对社会的深远影响。文章中的全员异化,实际上是封建社会中统治者私欲横行的缩影。执政者应谨言慎行,以身作则,发挥正面引导作用,以民为本。

六、板书设计

促织

——蒲松龄

成子　　　　　　促织
统治者私欲
社会　　　　　　人人异化

七、作业

格里高尔和成子一样,也由人变为了昆虫,请大家仔细阅读《变形记》,结合社会背景,寻找促使格里高尔异化的根本原因,并通过对比结局,分析两者的异同。

北京市第十中学语文组　刘思雨

"小"道具　"大"世界

——《祝福》中祥林嫂临终前的描写

【文体知识与教学设想】

《祝福》是人民教育出版社高中语文必修上册第六单元的一篇课文。

《祝福》是鲁迅抨击封建礼教的小说力作,小说中的"祥林嫂"已成为现代文学中的经典悲剧人物。祥林嫂是旧中国劳动妇女的典型,她勤劳善良,朴实顽强,但在封建礼教和封建思想占统治地位的旧社会,她被践踏,被迫害,被摧残,以至于为旧社会所吞噬。《祝福》中对祥林嫂的外貌描写有三次,这三次描写概括了祥林嫂一生的不幸,揭示了封建制度和封建礼教对以祥林嫂为代表的劳动妇女的迫害和摧残。三次同中有异、异中有同的外貌描写对反封建的主题起到了见微知著、画龙点睛的作用。鲁迅除了通过人物的神态、语言、行为等正面描写塑造人物形象,而且善于通过环境描写、气氛烘托等侧面描写塑造人物形象,把一个个人物的灵魂勾勒出来。

学生在高一上学期学习过《百合花》《哦,香雪》等小说,对小说三要素有了一定的了解。小说本身的故事性能引起学生的阅读兴趣,但本文一万多字的篇幅,品味分析起来也比较困难。本单元设立了"学习分析小说的人物形象""获得独特审美体验"学习目标,本单元又属于"文学阅读与写作"学习任务群,是高中阶段第一次集中学习小说这种体裁。

基于上述分析,本节课注重引导学生分析祥林嫂临终前的"道具",尝试用"道具"表现人物特征的写作手法。

【教学目标】

1. 分析鲁迅对祥林嫂临终前的描写。
2. 分析祥林嫂临终前的"道具"对表现人物特征的作用。
3. 读写结合,尝试用"道具"表现人物特征的写作手法。

【教学重点】

分析祥林嫂临终前的"道具"对表现人物特征的作用。

【教学难点】

尝试用"道具"表现人物特征的写作手法。

【教学过程】

一、课堂导入

PPT 出示《百合花》和《哦,香雪》图片。

设问:贯穿《百合花》和《哦,香雪》两篇小说的事物分别是什么?

回答:被子和磁力铅笔盒。

在小说中它们有一个统一的名称叫道具。鲁迅先生是写人的高手,他塑造人物的方法有很多,运用道具是他特别擅长的。今天就让我们通过《祝福》这篇课

石榴花开照眼明——跨区域多校联动教研成果汇编

文,学习用道具表现人物特征的写作手法。

二、问题探究

（一）在课文第三段中第一次描写了"我"见到祥林嫂时样子,请找到这段描写。

示例:

五年前的花白的头发,即今已经全白,全不像四十上下的人;脸上瘦削不堪,黄中带黑,而且消尽了先前悲哀的神色,仿佛是木刻似的;只有那眼珠间或一轮,还可以表示她是一个活物。她一手提着竹篮,内中一个破碗,空的;一手拄着一支比她更长的竹竿,下端开了裂:她分明已经纯乎是一个乞丐了。

（二）朗读课文片段,回答在这段文字描写中,祥林嫂的外貌是什么样的。

示例:苍老、瘦、眼神麻木

小结:祥林嫂一出场,一股浓浓的悲剧情调就沉痛地袭入人心。

（三）祥林嫂此时拿着的"道具"有哪些,请列出。

碗、竹竿、竹篮

（四）小组讨论,从三个道具中读到的信息,完成下表。

示例:

道具	道具的特点	从道具的特点读出的信息
碗	破 空	穷,乞讨时间长 没有人施舍——鲁镇众生麻木冷漠
竹竿	比她长 下端开了裂	衬托出佝偻的身体愈加矮小瘦弱 行乞时间长,支持身体
竹篮	/	（在下文中出现过"小圆篮"）变与不变的强烈对比,突出造成变化的原因:生活的不幸,封建礼教的毒害

小结:鲁迅仿佛用文字带着读者细细打量着生命最后时刻的祥林嫂,由头发到脸颊再到眼睛,由竹篮到破碗再到竹竿,当镜头锁定在"空的"和"下端开了裂"时,画面静止了。至此,"我"包括每一个读者的心已被巨大的震惊和浓重的悲凉攫住。

三、拓展延伸

出示初中课文《故乡》中对闰土的描写,找到人物的道具并分析。

示例:

1.对中年闰土的描写:

"这来的便是闰土……手里提着一个纸包和一支长烟管……""他大约只觉得苦,却又形容不出,沉默了片时,便拿起烟管来默默地吸烟。"

2.对少年闰土的描写:

这时候,我的脑海里忽然闪现出一幅神异的画面来……一个十一二岁的少年,手里捏着一柄钢叉,向一匹猹尽力地刺去……

示例：

中年闰土的道具是一支长烟管,这个道具是他用来吸烟的,表现出中年闰土生活困苦,却又只能默默忍受苦难,仿佛是一个木偶。

少年闰土的道具是一柄钢叉,这个道具是他用来捕捉猹的,表现出少年闰土精神抖擞,稳准狠地叉猹的样子,是个勇敢的小英雄。

四、写作练习

写一个身边熟悉的人,用他的一个或者多个"道具",表现他的某个特点。(200字左右)。

示例：

叮叮当当的卫生大姐

我身边有一位打扫卫生的大姐。她有一大串钥匙,可以打开整层楼的每一个办公室。她总把这串钥匙别在腰间,每当听到叮叮当当的钥匙碰撞声,就知道是她在这层楼穿梭。她会打开各个办公室的门,进去打扫卫生,跨进房间门的时候,叮叮当当的声音就被一起关进屋里。忙活完了,她又用钥匙锁上门,叮叮当当的声音就又被释放出来了。有时这叮当声会伴着她哼唱小曲的声音,回荡在走廊里。真希望能一直听到这愉快的叮叮当当。

五、课堂小结

一个篮子,让我们强烈地感知到祥林嫂成为乞讨前后生活的艰辛和困苦;一个破碗,让我们深刻体会到祥林嫂临死前还饱尝这世间蚀入骨髓的冷漠与麻木;一支开裂的竹竿,让我们真切的体味到祝福雪夜离世时的祥林嫂内心还满是恐惧与凄楚。这就是我们这节课向鲁迅学会的用道具表现人物特征的写作手法。

六、板书设计

祥林嫂的"道具"

圆篮——竹篮→对比→变化原因

碗 { 破——穷、时间长
　　空——无人施舍——冷漠 }

竹竿 { 比她长——矮小瘦弱
　　　开裂——支撑全身 }

祥林嫂:苍老、
　　瘦、
　　眼神麻木

中年闰土——少年闰土
一支长烟管——一柄钢叉
木偶——小英雄

西藏自治区拉萨北京实验中学语文组　张祎

笑中带泪的时代悲歌

——《茶馆（节选）》中的矛盾冲突

【文体知识与教学设想】

《茶馆（节选）》是人教版高中语文教材选择性必修下册第二单元的一篇课文。

话剧起源于西方，于19世纪末20世纪初来到中国。话剧是以对话方式为主的戏剧表演形式，属于一门综合性的艺术，剧本创作、表演、导演灯光、舞美、评论等缺一不可。话剧主要的叙述手段是演员在台上无伴奏的独白或对白，但可以使用少量歌唱、音乐等。剧本是戏剧的文学因素，是供演员在舞台上演出的文学脚本，它是戏剧的基础，是一剧之本。剧本主要由剧中人物的对话、独白、旁白和舞台指示组成。对话、独白、旁白都采用代言体。舞台指示是叙述性的文字说明，包括对剧情发生的时间、地点的交代，对剧中人物的形象特征、形体动作及内心活动的描述，对场景、气氛的说明，以及对布景、灯光、音响效果等方面的要求。剧本主要有以下几个要求：

1. 空间和时间要高度集中。戏剧不像小说、散文那样可以不受时间和空间的限制，它要求时间、人物、情节、场景高度集中在舞台范围内。剧本中通常用"幕"和"场"来表示段落和情节，剧本分为多幕剧和独幕剧。

2. 反映现实生活的矛盾要尖锐突出。戏剧是表演的艺术，戏剧舞台的表演，需要通过一个又一个的矛盾冲突推进事件的发展，同时产生叙事张力，带来表演的可观赏性。就戏剧内部结构而言，"矛盾冲突"是事件的核心焦点。就戏剧外部因素而言，具体的"矛盾冲突"往往涉及作者心理、社会历史、意识形态等方面。剧本中的矛盾冲突大体分为发生、发展、高潮和结尾四部分。

3. 剧本的语言要表现人物性格。剧本主要是通过台词推动情节发展，表现人物性格的。因此，台词语言要求能充分地表现人物的性格、身份和思想感情，要通俗自然、简练明确，要口语化，要适合舞台表演。

《茶馆》是老舍创作的三幕话剧，作者以北京老裕泰茶馆为背景，描写了清末、民初、抗战胜利后三个历史时期的北京社会风貌和社会变迁。通过茶馆这个小窗口以及出入于茶馆的北京各个阶层的三教九流人物和他们的举止言谈折射出整个社会大背景。本单元为中国现当代作家作品研习单元，人文主题为"时代的镜像"。课文节选自《茶馆》第一幕，被曹禺誉为"古今中外罕见的第一幕"，"早半天一刻"集合了十个片段情节，包含多重冲突。这些冲突不仅推动了剧情的发展，也深刻地勾画出了每个角色的性格和内心矛盾，使观众能更好地理解那个时代的社会风貌和人们的生存困境。

授课对象为高二年级学生，经过高中近两年的学习训练，学生对话剧这一体裁，有一定的了解和掌握，但学生阅读经验少，在戏剧学习方面缺乏动力，也缺少方法,学生们常常把戏剧当成文言文或小说,随便看看故事情节,没有深刻体会戏剧的魅力,需要结合具体作品积累阅读经验,提高戏剧鉴赏能力,更细致地感知体会戏剧的语言艺术和思想内涵。

基于以上对文体知识、教材和学情的分析,确定本节课的核心目标为引导学生梳理文本,体会《茶馆》第一幕的独特性,聚焦冲突,通过主要人物性格分析,表演等形式感受话剧的文体特点,并结合时代背景,理解话剧的思想内涵,促使学生在阅读过程中,获得真实有意义的审美体验,开阔人生视野,使学生走进老舍创设的时代情境中,进而落实语文学科核心素养培养。

【教学目标】

1.阅读文本,梳理故事情节,体会第一幕的独特性,体会话剧剧本时间空间高度集中这一特点。

2.聚焦人物身份及话剧冲突,通过分角色朗读、揣摩语气、设计表演动作、解读台词,分析主要人物的性格特征,把握话剧剧本矛盾冲突及台词语言的文体特点。

3.注重个性化解读,结合特定的社会历史背景,理解话剧的思想内涵。

【教学重点】

聚焦人物身份及话剧冲突,通过分角色朗读、揣摩语气、设计表演动作、解读台词,分析主要人物的性格特征,把握话剧剧本矛盾冲突及台词语言的文体特点。

【教学难点】

结合特定的社会历史背景,理解话剧的思想内涵。

【教学过程】

一、课堂导入

1898年的老北京有这样一座茶馆,除了喝茶,这里是人们商议事情的"会议室",是旧时代黑社会各个堂口的"调解法庭",是各种八卦聚集地。总之,在这个茶馆,你可以听到最荒唐的新闻,见识各种新奇事。这座茶馆就来自于作家老舍先生的话剧作品《茶馆》。

二、整体感知

作者曾说:"茶馆是三教九流会面之处,可以容纳各式人物。一个大茶馆,就是一个小社会。"剧本紧紧围绕茶馆这一典型环境,让各类人物先后登场,第一幕人物众多,按照社会阶层大致可以分为哪几类? 主要发生了哪些故事?

示例:

这一幕出场人物很多,主要有王利发、刘麻子、庞太监、唐铁嘴、松二爷、宋恩子、常四爷、秦仲义、二德子、马五爷、康六等,这些人物大致可以分两类:一类是帝国主义、封建主义、官僚资本主义势力及其奴才,另一类是在这"三座大山"压迫下的各阶层人们。他们都诉说着各自的故事,在"茶馆"一闪而过,所有的人物和情节,是不同的世相,是不同的声音,像一个个画面,这些画面组织起来,便构成了一幅卷轴画,一个大茶馆,就成了一个小社会。

第一，唐铁嘴给王利发相面，被"教育"；第二，常四爷与二德子涉洋冲突，马五爷制止，但其心生不快；第三，张李两家因鸽子纠纷打群架，黄胖子约集茶馆调和；第四，刘麻子撮合康六卖女、庞太监收妻；第五，刘麻子借空闲向松二爷卖表；第六，无名老人进茶馆卖牙签之类的小东西；第七，秦仲义要涨王利发房租，发表做实业主张；第八，乡妇、小妞进茶馆讨饭，常四爷赠烂肉面；第九，众茶客讨论变法；第十，吴祥子、宋恩子茶馆监听，抓获常四爷。

空间和时间的高度集中是话剧剧本的一大特点，时间、人物、情节、场景高度集中在舞台范围内，在有限的空间和时间内反映现实生活中的矛盾冲突。《茶馆》第一幕在"早半天一刻"和"裕泰茶馆"这样有限的时间和空间里先后登场几十个人物，集合了十个片段情节，包含多重冲突，正体现了这一特点。

三、问题探究

为了纪念老舍先生，我校话剧社将于近期举行以"戏看经典，观时代镜像"为主题的老舍话剧节活动，以表演话剧《茶馆》节选内容致敬经典，探究背后的时代风貌，现在我们要为此次话剧节活动做一些准备。

（一）第一幕中有哪些矛盾冲突？其背后的本质是什么？

示例：

1. 常四爷与二德子的矛盾冲突。常四爷口出直言，二德子抖威风。爱国者与地痞，爱国者与洋人势力之间的矛盾。

2. 刘麻子拉纤，康六卖女。说明了当时社会的腐败与黑暗，人民处在水深火热之中，预示着大革命即将爆发。

3. 刘麻子兜售洋表，常四爷表示担忧。这一部分其实是写洋货冲击与清政府无能之间的矛盾。

4. 黄胖子调解鸽子之争，老人家感慨人不如鸽。这揭示了穷人与富人在生活上巨大差异和情感对立，两家人在戊戌变法失败、谭嗣同问斩的背景下，竟然为了一只鸽子大动干戈，表现了当时国人的麻木。

5. 秦仲义作势涨房租，王利发谦卑求情。揭示了民族资本家与小商户之间的矛盾。

6. 常四爷怜悯乡妇母女，秦仲义想要实业救国。这揭示了民族资本家与富有正义感的民众之间的矛盾。

7. 秦仲义舌战庞太监，众茶客议论谭嗣同。这揭示了维新派与保守派之间的矛盾冲突，民众的麻木以及对维新变革不了解。

第一幕众多的矛盾冲突既反映了清朝末年社会的多重问题，又展示了各种冲突类型如政治、阶级、文化、伦理和个人与体制之间的复杂关系。话剧舞台的表演，需要通过一个又一个的矛盾冲突推进事件的发展，同时产生叙事张力，带来表演的可观赏性。"矛盾冲突"是话剧作品的核心要素，能够深刻地揭示人物性格和社会复杂性。

（二）给你印象最深刻的是哪几个人？主要出现在哪些冲突中？选取其中之一，小组分角色朗读，揣摩语气，设计表演动作并在班级内展示。

示例：

学生琢磨人物台词的舞台表现效果，设计动作。表演的学生谈感悟，观看的学生谈优点与不足。

（三）为宣传话剧《茶馆》，话剧社要为其中的几个主要人物制作海报。

要求：海报要展现出人物性格特征和经典台词。请选取你最感兴趣的人物，总结他的性格特征，并为其选取一句经典台词作为宣传，并说出选取理由。

示例：

1.常四爷

性格特征：忧国忧民、热爱国家、正直倔强、善良助人。

台词：我看哪，大清国要完！我，我爱大清国，怕它完了！我就不佩服吃洋饭的！

2.秦仲义

性格特征：自命不凡、无同情心、救国报国、敢于反抗。

台词：完不完，并不在乎有人给穷人们一碗面吃没有。开工厂！那才救得了穷人，那才能抵制外货，那才能救国！我那点财产，不值一提！

3.王利发

性格特征：圆滑世故、谨小慎微、胆小怕事、不乏善良。

台词：哥儿们，都是街面上的朋友，有话好说。有您在我这儿坐坐，我脸上有光！

话剧是表演的艺术，台词是话剧艺术完整性的重要组成部分，是话剧表演中情节推进的主要方式，是展现人物性格和内心世界的重要途径。台词的情感表达能够激发观众的共鸣，使他们感受到话剧的魅力。

四、拓展探究

透过这些经典台词，你认为《茶馆》第一幕的所要表达的主题是什么呢？

示例：

老舍说："我设法使每个角色都说他们自己的事，可是又与时代发生关系……因此，人物虽各说各的，也顺带着看见了一点儿那个时代的面貌。"《茶馆》描写了裕泰茶馆里形形色色的人物的种种活动，通过众多角色的对话，自然形成戏剧冲突，展现人物与时代的矛盾，透视了戊戌变法发生与失败的前因后果，描绘了帝国主义扩张渗透、流氓地痞横行霸道、农民生活痛苦不堪、宫廷生活腐败荒淫、爱国者横遭迫害的社会现实，逼真地勾勒出晚清统治的真实图景，揭示其必然败亡的命运。

五、课堂总结

一座大茶馆就是一个小社会，七十余个人物先后登场。一座小茶馆展现了一段大历史，五十年的沧桑变化尽在其中。《茶馆》深刻映衬出本单元的人文主题"时代镜像"，映射出民族心理和时代精神，凝聚了作者对民族振兴之路的思考。《茶馆》是一颗明珠，在中国现当代文学的舞台上熠熠闪光，照耀后人。

六、板书设计

茶馆(节选)

老舍

冲突不断　　　　人物众多

小茶馆
大社会

七、作业

1.老舍先生在设计《茶馆》的人物语言时着重突出了老北京方言的独特魅力,请在课文中寻找体现老北京语言特色或旧时代特点的词汇,谈一谈其魅力,并将其梳理成册。

2.拓展阅读老舍的其他作品,从写作理念、艺术特色、语言风格等方面选择其一,深入思考,谈谈你的认识,全班研讨交流。

作品推荐:《四世同堂》《龙须沟》《骆驼祥子》。

西藏自治区拉萨北京实验中学语文组　王菲

探究人生真谛　领悟理趣魅力

——《我与地坛(节选)》景物描写中的理趣

【文体知识与教学设想】

《我与地坛(节选)》是人民教育出版社高中语文必修上册第七单元中的一篇课文。

《我与地坛(节选)》是一篇哲理散文。哲理散文和写人、记事、写景散文侧重抒情不同,而是以发表议论、阐发哲理为主。在现实生活中,有种种复杂的社会现象,总会引发人们理性的思考,在哲理散文中,这种思考往往演化为感性的具象,从中折射出作者对人生睿智的感悟。同样是发表议论,哲理散文与一般议论文的表达方式不同,议论文一般要有论点、论据、严密的推理过程,而哲理散文借助于感性具象的点拨,例如通过具象的象征意义、比照等来展现作者对现实生活的领悟。激发作者灵感,引起作者思考的不一定是惊天动地的大事,往往是生活中的一朵浪花,甚至是一丝涟漪,也许是一个微小动作、一丝情绪、一个场景、一件小事。作者往往借助这些细微的具象,展开联想和想象,进行睿智的人生思考之旅。

日常生活是哲理散文凝视的矿藏。光怪陆离的社会处处展现着哲理。就个体而言,人的进退、荣辱、生死都是哲学命题;就群体而言,人与人、人与社会、社会自身的发展甚至人与自然莫不表现着生活的哲理,无不引起人的深入思索。哲理散文常常以一种象征思维去看待事物的自然属性及其与人的社会属性之间的对应关系,再从事物的自然属性的主观联想,引申到人生的价值取向。用这种眼光看世界,看山不是山,看水不是水。自然界的一山一水一草一木都变成了象征意象,变成了人生的象征。由于作者对生活的感悟中有情感参与,理解的结果有情感及想象的融入,所以哲理散文中的思想,就不是一般干巴巴的议论,而是蕴含了生活情感的思想,是蘸满了审美情感液汁的思想,从哲理散文的字里行间去解读心智的深邃,理解生命的本义,这就是哲理散文艺术美之所在。

基于上述分析,本节课重在引导学生从文章体现出的思维方式,去体悟哲理散文所蕴藏的深厚文化底蕴和文化积淀。

【教学目标】

1.赏析景物描写,学会鉴赏景物描写的手法及作用,学会分析景物描写的思路。

2.通过对景物的赏析,理解景物对作者思考人生的启示作用。

3.感悟作者超越苦难、由"生"到"死"的复杂情感以及他和母亲之间的无言深情。

【教学重点】

赏析景物描写,学会鉴赏景物描写的手法及作用,学会分析景物描写的思路。

【教学难点】

感悟作者超越苦难、由"生"到"死"的复杂情感以及他和母亲之间的无言深情。

【教学过程】

一、课堂导入

同学们在初中学习过史铁生《秋天的怀念》，你对这篇课文印象最深的是什么？

学生自由作答，引导学生走进地坛。

示例：

母亲"常常肝疼得整宿整宿翻来覆去地睡不了觉"，却忍着疼痛，鼓励史铁生要好好儿活，"咱娘儿俩在一块儿，好好儿活，好好儿活……""我懂得母亲没有说完的话。妹妹也懂。我俩在一块儿，要好好儿活……"

面对人生的风雨，应该怎样"好好儿活"？今天，我们一起学习《我与地坛（节选）》，走进史铁生的精神家园。

二、整体感知

（一）第一部分结尾作者写道"所以我常常要到那园子里去"，那么"我"为什么去地坛，"我"去地坛做什么？

示例：

思考关于死的问题，思考自己为什么要出生，思考怎样活的问题。第一部分重点是思考怎样活的问题。

（二）地坛中哪些景物带给"我"思考？找到的同学阅读为大家阅读一下。

学生诵读。

三、问题探究

赏析景物描写，探究人生哲理

（一）作者在第三段中用了哪些动词描写地坛？写出了地坛什么特点？

示例：

描写地坛的动词有：

剥蚀，淡退，坍圮，散落

1. 语义共同点（都是表示地坛衰败的动词）。

2. 手法及其作用（拟人，体现地坛前后变化）。

3. 与上文内容在形式上的关系（"它等待我出生，然后又等待我活到最狂妄的年龄上忽地残废了双腿。"）。

（二）根据第五段景物描写中的动词，完成下表，并思考第五段和第三段的景物描写有什么关系？

示例：

景物	景物特点	生命启示
蜂儿	稳稳地停	生活从容
蚂蚁	摇头晃脑、转身、疾行	生活悠闲有追求

瓢虫	爬、祈祷、升空	靠自己改变生活
蝉蜕	寂寞	耐住寂寞可获重生
露水	摔开万道金光	生活多姿多彩

作者通过第五段的景物描写,表达了"园子荒芜但并不衰败"的认识。

(三)第七段六个"譬如"的内容都有哪些象征意义?这些象征含义表达了作者怎样的心路历程?

坎坷指人生的挫折、苦难,灿烂不仅仅指鲜明耀眼,还有美好的意思。高歌指放声歌唱,这是一种昂扬的、积极奋进的精神状态。孩子的脚印,孩子让人联想到初生的生命,好奇,稚嫩等。镇静是有前提的,或者是对沧桑巨变,或者巨大的灾难,这是一种面对巨大变化时平和的心态。在暴雨的洗礼中,草木和泥土的气味显得强烈而清纯。落叶寓意生命的凋零和死亡,苦涩寓意人生的痛苦,在面对死亡时,落叶飘摇歌舞或者坦然安卧,这是一种欢愉的、坦然的心态。

(四)小结

作者通过景物描写,表达了地坛对自己的启示,面对人生的风雨,应该平和、坦然、乐观、积极地活下去。

四、课内延伸

课文第一部分写了地坛对作者人生的启示,第二部分接着写母爱对作者人生的启示。

(一)请同学们诵读第二部分并思考:"我"到园子里去给母亲出了怎样的难题?母亲又是怎样克服这些难题的?

示例:

在痛苦与惊恐中独自承担自己与儿子两个人的不幸。

"她不是那种光会疼爱儿子而不懂得理解儿子的母亲","母亲知道有些事不宜问,便犹犹豫豫地想问而终于不敢问,因为她自己心里也没有答案","她知道得给我一点儿独处的时间","她只是不知道这过程得要多久",结合上述内容可知,母亲用"聪慧"和"坚忍"面对"我"出的难题。

(二)"为什么在她儿子就快要碰撞开一条路的时候,她却忽然熬不住了?"这一条路是什么路?作者为什么希望母亲再多活两年?

示例:

这一条既是指作者的文学创作之路,更是作者懂得了要坚忍地活下去的人生之路。作者之所以希望母亲再多活两年,是希望母亲能够分享自己成功的快乐,更是希望母亲能够看到自己从母亲"艰难的命运、坚忍的意志和毫不张扬的爱"中学会了如何面对人生的风雨。

(三)小结

作者通过忏悔,表达了母亲对自己的启示,面对人生的风雨,应该坚忍地活下去。

五、课堂总结

《我与地坛》第一部分写我与地坛的故事,地坛就是我的精神家园,第二部分在地坛这个大背景下写我与母亲的情感,母亲就是我的生命航向。其实,生命就是一个不断超越自身局限的过程,每个人都在这样的生命中体验自我,寻找自我,最终实现自我。本文中所表现的史铁生坚强的信念,不仅是他独特的人生感悟,也是或即将会是我们每个人的体验,而他用细腻的笔触表达的厚重的情感也不仅仅是他与母亲之间的真实写照,更是我们在生活中最容易忽视的真情。希望同学们能够透过史铁生看到自己的精神力量,思考自己真实的情感世界。

六、板书设计

青春		辉煌
绝望	我——地坛	荒芜
希望		生机
逃避		寻找
	我——地坛——母亲	
怀念		守望

七、作业

永　在

史铁生

我一直要活到我能够
坦然赴死,你能够
坦然送我离开,此前
死与你我毫不相干。
此前,死不过是一个谣言
北风呼号,老树被
拦腰折断,是童话中的
情节,或永生的一个瞬间。
我一直要活到我能够
入死而观,你能够
听我在死之言,此后
死与你我毫不相干。
此后,死不过是一次迁徙
永恒复返,现在被
未来替换,是度过中的
音符,或永在的一个回旋。

我一直要活到我能够
历数前生,你能够
与我一同笑看,所以
死与你我从不相干。

　　阅读上面史铁生的诗,体会作者超越苦难、由"生"到"死"的复杂情感,围绕"活着"与"死去"写一篇文学短评,小组互评修改后分享给大家。

　　　　　　内蒙古兴安盟扎赉特旗音德尔第一中学语文组　　　王也

思维制导　品理析文

——品读《乡土中国》

【文体知识与教学设想】

人教版高中语文必修上册第五单元是整本书阅读《乡土中国》。《乡土中国》是费孝通先生所著的一部研究中国乡村社会特点的学术著作,学术著作一般指作者根据在某一学科领域内科学研究的成果撰写成的理论著作。学术著作强调科学性、逻辑性、系统性,《乡土中国》围绕"作为中国基层社会的乡土社会究竟是个什么样的社会"这一基本问题,由 14 篇看似独立实则联系紧密的论文汇编而成。在《乡土中国》中,作者以调查和科学论证为主,用通俗、简洁的语言对中国的基层社会的主要特征进行了概述和分析,全面展现了中国基层社会的面貌。《乡土中国》的研究属于社会学的"社区分析",目标是剖析"社会结构的格式"。社会分析可以从不同的角度进行,比如经济的、政治的、制度的,等等,也可以是宏观研究,费孝通采用的是社会学的"社区分析",从微观入手,达到宏观的认识。

阅读社会科学类文章,要把粗读和细读结合起来。在细读环节,要抓住文章中的主要概念,特别是核心概念。对社科论著的阅读来说,"抓概念"就是"抓住关键词",是必备的能力。"抓概念"要理解文章概念的内涵,以及概念是如何提炼出来的。阅读社科类论著,还会经常碰到专业术语。术语是用来限定或表达科学概念的约定性语言,主要在所属专业领域内使用,行外的读者如果不懂其特别含义,就难于理解用它来展开论述的内容。所以阅读社科论著,要努力弄清楚其中专业术语的意思,扫除阅读的障碍。

基于上述文体知识和阅读方法,制定三个名著阅读活动,完成如下任务,并组织学生在课堂上交流分享:

1. 细读文本《差序格局》和《礼治秩序》,通过完成表格,梳理"差序格局"与"团体格局""礼治"与"法治"等概念。

2. 通过设计百科词条、课外作品延伸等活动,进一步阐释概念的内涵。研读文本,通过分析文中各概念间的关系,阐明作者的论证思路,并归纳《乡土中国》善用实例说理的论证方法。

3. 找出两篇文本中恰当运用比喻论证和具有"通俗畅达、平白如话"特点的语言,理解生动幽默、通俗畅达的语言对阐释学术问题的作用。

4. 结合本书的阅读,联系现实,写出一篇符合要求的读后感,并在课上与同学进行交流分享,进一步探讨阅读学术著作的有效方法。

【教学目标】

1. 能够结合具体语境理解重要概念的内涵,体会作者的观点,理清文章的写作思路。

2. 作者如何从调查材料中提炼典型的现象,如何让材料更好地论证自己的观点,如何运用文中学到的论证方法写作。

3.通过对关键概念、论证方法、语言特征的深入理解,探析文本中反映的文化现象,比较、分析相关概念以及其背后的社会现象,进一步认识社会科学论著的一般特点。

【教学重点】

通过分析文中各概念间的关系,阐明作者的论证思路,并归纳《乡土中国》善用实例说理的论证方法。

【教学难点】

通过对关键概念、论证方法、语言特征的深入理解,探析文本中反映的文化现象。

【教学时数】

三课时。

【教学过程】

活动一

一、制作思维导图

通读《乡土中国》,梳理书中出现的核心概念和主要内容,用思维导图展现各章节之间的关系。要求:内容准确,思路清晰,文字不限。

示例:

《乡土中国》

二、梳理重要概念

书中作者在阐释一个概念的时候经常引出相关的概念进行对比,如《差序格局》中的"差序格局"和"团体格局",如《无为政治》中的"横暴权力"和"同意权力",《礼治秩序》中的"礼治"和"法治",等等。请阅读《差序格局》和《礼治秩序》两篇文章,结合文本对文中不同概念的特性进行比较梳理,并说说你是如何理解这些概念的。

三、拓展阅读

只有直接有赖于泥土的生活才会像植物一般在一个地方生下根,从容地去摸熟每个人的生活,像母亲对于她的儿女一般。陌生人对于婴孩的话是无法懂的,但是在做母亲的人听来都清清楚楚,还能听出没有用字音表达的意思来。

不但对人,他们对物也是"熟悉"的。一个老农看见蚂蚁在搬家了,会忙着去田里开沟,他熟悉蚂蚁搬家的意义。从熟悉里得来的认识是个别的,并不是抽象的普遍原则。在熟悉的环境里生长的人,不需要这种原则,他只要在接触所及的范围之内知道从手段到目的间的个别关联。在乡土社会中生长的人似乎不太追求这笼罩万有的真理。我读论语时,看到孔子在不同人面前说着不同的话来解释"孝"的意义时,我感觉到这乡土社会的特性了。孝是什么?孔子并没有抽象加以说明,而是列举具体的行为,因人而异答复了他的学生。最后甚至归结到心安两字。做子女的得在日常接触中去摸熟父母的性格,然后去承他们的欢,做到自己的心安。这说明了乡土社会中人和人相处的基本办法。

——节选自费孝通《乡土中国·乡土本色》

乡土社会中,人们"从熟悉里得来的认识"有怎样的特点?下列材料中,孔子对颜渊、司马牛"问仁"的回答也能体现这一特点,请根据选文和材料内容说明。

颜渊①问仁,子曰:"克己复礼为仁。一日克己复礼,天下归仁焉。为仁由己,而由人乎哉?"

司马牛②问仁。子曰:"仁者,其言也讱③。"——《论语·颜渊》

注释:①颜渊,孔子弟子,以德行著名。②司马牛,孔子弟子,性格急躁,爱说话。③讱,出言缓慢谨慎。

示例:

从熟悉里得来的认识是个别的,不是普遍的抽象原则。颜回重德行,孔子鼓励他克己复礼以成仁;司马牛性子急,爱说话,孔子提醒他说话谨慎就是仁。对学生提出的"仁"的问题,孔子不是讲普遍的、普适的道理,而是根据这两个学生的不同特点,因人而异地列举具体的行为来回答。

四、完成下表中的任务,写出对主要概念内涵的理解

任务表一

概念	适用的社会	道德观念的来源	范围界限	表现	我的理解
差序格局					
团体格局					

任务表二

概念	规范性质	维持力量	结果	我的理解
礼治				
法治				

备注:从不同的角度找出相邻概念在文中的信息,有助于深度理解关键概念。

关键词	中心主题	内容	逻辑	文字书写
准确	突出	充实	合理	工整
比较准确	比较突出	比较充实	比较合理	比较工整
不准确	不突出	不充实	不合理	不工整

【作业设计】

请为"差序格局"或"礼治秩序"设计一个百科词条。

提示:可以上网浏览百科词条,仿照其样式设计。从概念内涵出发设计内容,包括其出处、原文、分析阐释,可以进一步涉及这一概念的影响,学界及作者自己在其他论著中对这一概念的评价等。

活动二

一、制作思维导图

《乡土中国》是一本读后获得感很强的书,阅读《乡土中国》不仅仅是在读一本书,同时还能够解决阅读其他文学作品过程中出现的问题,为进一步深入文本提供了理论依据。费孝通先生在《乡土中国》中也经常会引用文学作品中的现象来论述自己的观点,如在《差序格局》中借大观园来阐释乡土中国的亲属圈子等。请结合你阅读过的文学作品,举例来进一步印证《乡土中国》中的相关概念,字数不限。

提示:如鲁迅先生的散文《故乡》《阿长与〈山海经〉》,路遥的《平凡的世界》,吴承恩的《西游记》,曹雪芹的《红楼梦》,等等。

二、梳理重要概念

著作中有很多重要概念,如乡土社会与团体社会、差序格局与团体格局、家庭与家族、礼治与法治等,通常两个大的概念关联很多小的概念,如"差序格局"关联一系列小概念:"个人主义""自我主义""推""交情"等。请结合相关小概念涉及的内容,辨析"差序格局"等概念的内涵,理解作者独特的论证方式。

任务表

差序格局	对人	对己	对国
乡土社会			
团体社会			

备注:学生可以用文章中的小概念来深入理解"差序格局"这样抽象的概念,

并在比较中理解乡土社会的特征。可以利用这种方式分析《礼治秩序》一文,如辨析"礼治""法治"和"人治"。

三、把握材料与观点的关系

在《差序格局》一文中,费孝通运用了丰富的材料,请找出典型的材料,如《论语》、生活实例等,写出它们各自对应作者的哪些观点,明确作者运用的论证方法。

任务表

材料类型	文中材料	对应作者的观点	论证方法
生活实例			
古代典籍			
中西比较			
生动语言			

四、分析著作的语言特点

在通常情况下,学术性论著都是晦涩难懂的,但费孝通的语言却表达得通俗畅达。从总体上看,《乡土中国》语言的口语化(含俗语)、故事性、画面感、有趣的事例、浅显生动的比喻等,占到了全书比例的三分之二以上,这就给阅读带来极大的便利。例如在《差序格局》一文开头就有"各人自扫门前雪,莫管他人屋上霜"这样平白如话的俗语。请你阅读《差序格局》和《礼治秩序》两篇文本,分别列举出两处例子,并分析其表达效果。

【作业设计】

针对《乡土中国》这本书的阅读,写一篇不少于800字的读后感,并准备在读书交流会上发言,分享阶段性阅读心得。

要求:1. 题目自拟,自选角度;2. 观点鲜明;3. 材料能够有力地论证观点;4. 语言或平实通俗,或生动有趣。

活动三

进行读书交流,获得文化滋养。每组推荐一名同学交流自己的读后感,要求观点明确,材料翔实准确,语言通畅,表达流畅。

请本组同学准备做出补充;全体同学按照下面的评价量表做出评价。

内容或项目		第一组 发言人:	第二组 发言人:	第三组 发言人:	第四组 发言人:	第五组 发言人:
论点	是否鲜明					
	是否合理					
材料	是否引用 文中的材料					
	是否联系 现实举例					
	所引或所举材料 能否论证论点					
论证 方法	比喻论证					
	举例论证					
	对比论证					
	道理论证					
	其他论证方法					
语言 表达	风趣幽默					
	流畅准确					
	有说服力					
总体 评价	我认为第( )组交流得最好,最精彩,主要是体现在( )。我认为第( )组在( )方面可以改进,具体建议为( )。					

内蒙古兴安盟扎赉特旗音德尔第一中学 董大坤